Johanna E. Erdtmann

Schöner und erfolgreicher durch die richtigen Farben

D1724502

Johanna E. Erdtmann lebte einige Jahre in London, Paris, Madrid und New York. Ihre Ausbildung als Farbberaterin, »colour analyst«, erhielt sie in den USA. Seit Jahren ist sie in der Modebranche tätig, in der sie die Farbberatung zunächst als Ergänzung für das optimale Aussehen ihrer Kundinnen und auch Kunden einsetzte.
Die von ihr gegründete Firma »SN COLOURS J. E. Erdtmann GmbH« hat inzwischen mehrere hundert Farbberaterinnen in Deutschland und Österreich ausgebildet.

Weitere Bücher von Johanna E. Erdtmann im Programm der Modernen Verlagsgesellschaft:

Man(n) bekennt Farbe
Unterstreichen Sie Ihre Persönlichkeit
durch die richtigen Farben
ISBN 3-478-07060-0

Für den ersten Eindruck gibt es keine zweite Chance
Aussehen, Bewegung, Haltung, Umgangsformen
ISBN 3-478-07333-2

Johanna E. Erdtmann

Schöner und erfolgreicher durch die richtigen Farben

CIP-Kurztitelaufnahme der Deutschen Bibliothek

Erdtmann, Johanna E.:
Schöner und erfolgreicher durch die richtigen Farben: Ihr Typ + Ihr Stil = Ihr Erfolg/Johanna E. Erdtmann. – 4. Aufl. –
München; Landsberg am Lech: mvg-Verl., 1990
  (mvg-Ratgeber)
  ISBN 3-478-01074-8

Mein Dank gilt allen Fotomodellen, den Fotographen Jürgen Brefort und Lothar Brunner, Coiffeur Michels, Bonn, für die Frisuren, Annie Doré von Lancôme, Paris, für das Make-Up, Elégance Paris, für die Abdruckgenehmigung der Originalaufnahmen, der Firma Silhouette Modellbrillen, den Grafikerinnen und meinem Mann Dr. Lothar Erdtmann.

4. Auflage, Ausgabe 1990

© mvg-Moderne Verlagsgesellschaft mbH
München/Landsberg am Lech
Umschlaggestaltung: Gruber & König, Augsburg
Druck und Bindearbeiten: Presse-Druck Augsburg
Printed in Germany 010074/190402
ISBN 3-478-01074-8

Inhaltsverzeichnis

Vorwort _____ 7

Blitzinformation: Kleidung _____ 9

„Wie Du kommst gegangen,
so wirst Du auch empfangen" _____ 10

Teil 1

Wie erkenne ich meine Farben? _____ 13

Der Winter _____ 14

Der Sommer _____ 16

Der Frühling _____ 18

Der Herbst _____ 20

Probieren geht über studieren _____ 26

Eingeschränkt durch Typbestimmung _____ 29

Farbberatung – ein Luxus? _____ 30

Teil 2

Wie kombiniere ich Farben? _____ 33

Farbfamilien – Komplementärfarben _____ 41

Einfarbige (monochrome) Kombinationen _____ 44

Grundfarben für die verschiedenen Typen _____ 45

Zweifarbige (duochrome) Kombinationen _____ 45

Kosmetika und ihre Farbpalette _____ 46

Kann ich meinen Typ total verändern? _____ 50

Was ist Farbdynamik? _____ 51

Teil 3

Welche Stilrichtung paßt zu mir? _____ 53

Der klassisch-elegante Typ _____ 55

Der extravagante Typ _____ 59

Der sportliche Typ ———————————————— 60

Der romantische Typ ———————————————— 61

Was kann ich durch Kleidung erreichen? ————————— 63

Haben Sie Probleme beim Einkauf,
bei der Wahl der Kleidung? ————————————— 67

Inspektion der vorhandenen Garderobe ———————— 68

Garderobenvorschläge für kühle Witterung ——————— 71

Garderobenvorschläge für die warme Jahreszeit ————— 74

Sind Accessoires notwendig? ——————————— 76

    Brillen ————————————————— 78

    Gürtel ————————————————— 81

    Tücher ————————————————— 81

    Schuhe ————————————————— 82

    Handtaschen ————————————— 83

    Schmuck ———————————————— 83

    Haare und Hände ——————————— 84

    Frisur —————————————————— 85

    Make-up ————————————————— 88

    Parfums ————————————————— 88

    Overdressed – underdressed ——————— 89

Wie kaschiert man vermeintliche Fehler? ——————— 90

Schlußwort ——————————————————— 95

Anhang ———————————————————— 96

Vorwort

Wenn ich von mir behaupten würde, daß ich schon von frühester Jugend an ein sicheres Farbempfinden hatte, müßte ich lügen. Ganz im Gegenteil – bis vor einigen Jahren lebte ich unter dem Eindruck, daß ich so ziemlich jede Farbe tragen könne, solange Qualität und Schnitt des Kleidungsstückes stimmen. Oftmals beeindruckten mich Kleider und Farbzusammenstellungen, die ich bei Freundinnen gesehen hatte. Sobald ich sie dann selbst besaß, merkte ich, daß sie mir doch nicht so gut standen. Manchmal aber hatte ich Mäntel, Jacken oder Blusen, die ich bis zum ›letzten Faden‹ trug, weil ich mich wohl darin fühlte. Ohne große Überlegungen anzustellen, überließ ich die Wahl meiner Kleidung dem spontanen Gefallen, der Zu- oder Abneigung meines Mannes, wenn er beim Einkauf dabei war, oder der Überredungskunst der Verkäuferin, die mir dann etwas von ›hochmodisch‹, ›besonders günstig für Sie‹ etc. erzählte. Wie gesagt, so war es einmal – inzwischen hat sich vieles bei mir geändert.

Da ich von morgens bis abends bemüht bin, die richtige Kleidung für meine Kundinnen zu finden, wuchs mein Interesse für Farben. Es ist einige Jahre her, als ich zum ersten Mal in Amerika eine Farbberatung kennenlernte, welche mir eine Fülle von Erkenntnissen und ungeahnten Möglichkeiten bot.

Was mich früher subjektiv beeindruckt hat als harmonische oder aparte Farbkombination, wird heute von mir analytisch betrachtet und etwa so beurteilt: Die Kombination in Erdtönen sieht deshalb so gut an meiner Nachbarin aus, weil sie ein Herbst-Typ ist. Das sanfte Tomatenrot, die satten Braun- und Beige-Töne unterstreichen das kastanienbraune Haar, die grünbraunen Augen und heben den goldgelben Schimmer der Haut. Eine Farbharmonie, die die Person herausstellt und nicht nur das Kleid – sie unterstreicht ihren Typ, was einen abgerundeten Gesamteindruck ergibt.

Ich werde immer häufiger gefragt, ›können Sie mir nicht sagen, welcher Typ ich bin?‹ Natürlich kann ich das, aber nicht nebenbei, wenn die Dame vielleicht darüber hinaus noch ungünstige Farben trägt.

Das wäre zu einfach. Bei einer Farbenanalyse testen und vergleichen wir jede Farbpalette und stellen dabei fest, zu welcher Farbgruppe die Dame (oder der Herr) gehört, um dann anschließend die optimalen Farben herauszusuchen. Daraufhin erhalten Sie einen individuellen Farbenpaß, der Ihnen beim Einkauf von Kleidung unentbehrlich sein wird.

In Zeitschriften und Umfragen erfreuen sich Tests immer sehr großer Beliebtheit. Selbst diejenigen, die die Sache mit einem geringschätzigen Lächeln abtun, füllen in einer ruhigen Stunde doch die vielen Fragen aus, um ihren Stellenwert, ihre Erfolgschancen beim anderen Geschlecht oder sonst etwas herauszufinden.

Eine Farbanalyse ist etwas grundsätzlich anderes. Natürlich finden Sie auch eine Menge über sich heraus, z. B. ob Sie ein Herbst- oder Frühlings-, Winter- oder Sommer-Typ sind, welche Farben aufgrund Ihrer Haut-, Haar- und Augenfarbe für Sie günstig sind etc. Diese Einteilung nach Jahreszeiten ist nicht auf das Lebensalter bezogen, sondern auf die in der Natur jeweilig vorherrschenden Farben. Der Frühling zeigt sich in frischem Grün, leuchtendem Gelb, in klaren, warmen Farbtönen. Der Sommer bevorzugt ruhige Pastelltöne, sanftes Blau, Flieder und Pink. Der Herbst schwelgt in den satten reichen Erdtönen wie das gefärbte Laub. Der Winter hat klare leuchtende Farben sowie das elegante Schwarz und Weiß.

Glauben Sie vielleicht auch, daß Sie so ungefähr jede Farbe tragen können? Ich will Ihnen nicht Ihr gesundes Selbstbewußtsein nehmen, aber es gibt bestimmte Farbkombinationen, die Sie in besonders günstigem Licht erscheinen lassen.

Damit Sie bei der Wahl Ihrer Farben niemals im Zweifel sind und überhaupt weil es Spaß macht, ein wenig mehr über das faszinierende Spiel von Farben und ihren Wirkungen zu wissen, möchte ich Ihnen in diesem Buch weitergeben, was ich hierüber gelernt und erkannt habe. Es werden die einzelnen Typen beschrieben, damit auch Sie erkennen können, zu welcher Gruppe Sie gehören und welcher Farbbereich Ihnen am besten steht.

Blitzinformation: Kleidung

Wenn Sie einen Raum betreten, steht Ihnen eine Sekunde zur Verfügung, in der Sie für alle Anwesenden die entscheidende Aussage machen. Man sieht auf, schaut Sie an und ›weiß, wer Sie sind‹. Denken Sie für einen Moment darüber nach, wie Sie selbst mit kurzem Blick im Restaurant oder sonstwo eine Ihnen nicht bekannte Person einschätzen. Sie sind sich Ihres raschen Urteils gar nicht einmal bewußt, und trotzdem haben Sie festgestellt, ob eine elegante Dame oder eine ›einfach gekleidete Person‹ hereinkam. Es ist durchaus möglich, daß Sie keine Details gesehen haben, aber ›wer‹ da hereinkam, wissen Sie bestimmt.

Sie haben Ihre beste Chance vertan, wenn dieser erste Eindruck negativ ist. Beweise Ihrer Bildung und Ausbildung, Ihre amüsanten Erzählungen sind ein mühsamer und nicht immer erfolgreicher Weg, um die nun einmal gefaßte Meinung von anderen über Sie zu berichtigen.

Erkennen Sie die Wichtigkeit der durch Farben und Make-up bekundeten Kleidungsaussage für Ihr Weiterkommen im Beruf und Privatleben? Wollen Sie es da Ihrer Stimmung, dem Modetrend oder gar einer günstigen Einkaufsgelegenheit überlassen, welchen Eindruck Sie machen? Nein, meine Damen (und Herren), die Selbstsicherheit, die Sie durch ein farblich und typmäßig abgestimmtes Kleidungsstück erlangen, ist mitbestimmend für Ihren Erfolg.

Farben können die Welt verzaubern! Nutzen Sie die Möglichkeit, die Ihnen die Farben geben. Entdecken Sie bei der Lektüre dieses Buches Ihre Farbpalette und *planen* Sie Ihre Garderobe danach.

Das Leben entwickelt sich oft spiralenförmig im Aufwärts- bzw. Abwärtstrend. Eine ›Negativ-Spirale‹ könnte so aussehen: Sie tragen die falsche Kleidung, Sie fühlen sich unsicher und ziehen sich zurück. Ihre Umwelt reagiert darauf und ignoriert Sie. Dadurch wird Ihre Unsicherheit noch bestärkt, und Sie sind wahrscheinlich bald selbst davon überzeugt, daß Sie zu den stillen und weniger erfolgreichen Menschen gehören.

Wie würde diese Spirale bei einer positiven Kleidungsaussage aussehen? Sie unterstreichen mit Ihrer Garderobe Ihren Typ, Ihre Persönlichkeit. Komplimente und Blicke sagen Ihnen, daß sich Ihre Mühe, gut angezogen zu sein, gelohnt hat. Ihr Selbstvertrauen wird dadurch bestärkt. Natürlich verhalten Sie sich selbstsicherer, denn wer fühlt sich nicht besser durch eine positive Bestätigung?

Mir fällt dazu ein Beispiel aus meinen Schultagen ein. Ein Mädchen unserer Klasse, still, zurückhaltend und unscheinbar wechselte mit etwa 16 Jahren ihr Erscheinungsbild völlig. Ihre Kleidung war ausgewählt chic, ihre Haare gepflegt – sie war zu einer hübschen jungen Dame geworden. Den Jungen fiel es wohl am ehesten auf, bis wir Mädchen dann auch bemerkten, wie sie sehr schnell an Boden gewann. Sie wurde im Jahr darauf zur Klassensprecherin gewählt. Ich würde mich kaum daran erinnern, wenn es mich nicht so stark beeindruckt hätte, wie aus einem Mädchen, das in der Klassenhierarchie unbeachtet blieb, plötzlich eine einflußreiche Person wurde. Sicherlich hatte sie auch schon früher einiges zu sagen, wurde aber wegen ihrer Unscheinbarkeit nicht gehört. Haben Sie nicht ähnliche Erfahrungen gemacht?

Tun Sie etwas, damit Ihre Lebensspirale einen Aufwärtsschwung nimmt! Nun, Sie sind ja schon dabei – es wird sich sicherlich einiges in Ihrer Kleidungsaussage ändern, nachdem Sie dieses Buch gelesen haben.

Wie Du kommst gegangen, so wirst Du auch empfangen

Ein alter Spruch, der an Wirksamkeit nicht verloren hat. Wir legen durch unsere Kleidung fest, welche Rolle wir spielen, wo wir einzustufen sind. Am offensichtlichsten wird durch eine

Uniform unser Status kundgetan. Jede andere soziale Schicht trägt auch ihre Uniform, obgleich nicht als solche sofort erkennbar. Überlegen Sie einmal, wieviel Möglichkeit zur Individualität Ihnen wirklich gelassen wird! Wer von uns kann es sich erlauben, ein Kleidungsstück zu tragen, das aus dem Rahmen fällt? Eigentlich nur diejenigen, die tonangebend für ihre Umwelt sind.

Ein Jazzmusiker fühlt sich seiner Berufsgruppe entsprechend gekleidet, wenn er schillernde Hemden, Modeschmuck und lange Haare trägt; bei einem Geschäftsmann wirken schon leichte Andeutungen solcher Kleidung unseriös und schockierend. Haben Sie sich überlegt, zu welcher Gruppe Sie gehören möchten? Kennen Sie die optimale Kleidung für dieses Image?

Ich höre förmlich den Protest – ›ich ziehe mich an, wie ich es möchte und pfeife auf die Meinung der anderen‹! Ist das wirklich so? – Ist der lässig über die Schulter geworfene Pulli nicht genau in den Farben, die ›akzeptiert‹ werden, haben die Jeans nicht den letzten Schnitt – den richtigen Verschluß, den verwaschenen Look?

Das schwarze Schaf hat es schwer in der weißen Herde; es sei denn, es ist der Leithammel.

Wenn wir uns also darauf einigen können, daß wir uns mehr oder weniger dem Standard der Gruppe anpassen, kommt als nächstes die Frage auf, warum gelingt es einigen von uns besser, sich mit mehr Chic zu kleiden als anderen?

Es liegt wohl an dem Interesse, das wir dem Thema Kleidung schenken. Eine gut gekleidete Frau (oder entsprechend angezogener Mann) ist ein ästhetischer Anblick, Ausdruck von Kreativität und beweist Farbempfinden und Sinn für Proportionen. Dieses sind erlernbare Fähigkeiten, für die wir täglich Bestätigung bekommen können. Machen Sie sich die Mühe und finden Sie mehr über sich heraus, damit Sie sich Ihrem Typ entsprechend optimal kleiden können.

Wie erkenne ich meine Farben?

Die Frage sollte lauten: Bin ich ein Frühlings-, Sommer-, Herbst- oder ein Winter-Typ? Schauen Sie sich die Farbpalette für die jeweilige Jahreszeit an und überlegen Sie, in welchen Farben Sie eine neue Garderobe bevorzugen würden. Sind es die warmen, erdigen Töne des Herbstes oder die klaren, warmen Farben des Frühlings, die Sie ansprechen? Sind es die frischen, intensiven Farben des Winters oder die sanften Blautöne des Sommers, die Ihre Phantasie anregen? Haben Sie hierbei schon ganz eindeutig Ihre Farben gefunden? Falls Sie nicht so spontan reagieren und nicht so recht wissen, ob Sie nun zur einen oder anderen Seite tendieren, will ich Ihnen ein wenig Hilfestellung bieten, indem ich Ihnen eine genaue Beschreibung der verschiedenen Typen gebe. Wir sind oftmals durch Eltern, Ehepartner oder Freunde so in unserem instinktiven Farbgefühl beeinflußt, daß wir erst wieder zu ›unseren‹ Farben zurückfinden müssen. Die Pigmentierung Ihrer Haut, Ihre Haar- und Augenfarbe sind maßgebend für Ihre Typbestimmung.

Die vier Farbtypen
links oben: Herbst
rechts oben: Frühling
links unten: Sommer
rechts unten: Winter

TEIL 1

DER WINTER

Bild oben: Zu den kontrastreichen Eigenfarben des Wintertyps passen die leuchtenden kühlen Töne der Winterpalette.
Bild Mitte: ungünstige Farben
Bild unten: vorteilhaftere Farben

Es gibt mehr Winter-Typen als irgendeine andere Jahreszeit. Asiaten, Dunkelhäutige, Südländer sind meistens Wintertypen. Dieser Typ hat vielfach braune Augen, kann aber auch jede andere Augenfarbe zeigen. Das Braun geht von intensiv schwarz-braun über zu rotbraun, hin zu grau-braun. Wintertypen mit hellbraunen Augen glauben häufig, daß sie ein Herbsttyp seien, besonders dann, wenn auch noch ein blaß-beiger Teint vorhanden ist.

Die Haare des Winters sind meistens dunkelbraun bis schwarz, selbst wenn sie als Kinder strohblondes oder goldblondes Haar hatten. Der Wintertyp ergraut frühzeitig. Manchmal glaubt man rot- oder goldbraunes Haar vor sich zu haben, weil der eigentliche Haarton durch Sonneneinwirkung, Sprays oder Shampoos verändert wurde. Schauen Sie nach den Haarwurzeln im Nackenhaar, um den ursprünglichen Ton zu erkennen.

Das dunkle, kühlbraune Haar des Winters kann durch Sonneneinwirkung kupferrote Akzente bekommen. Dieser Typ rutscht leicht in die Herbstpalette, in der die echten Rothaarigen vertreten sind. Man muß hier jedoch gut unterscheiden, da die Rosttöne und gelblichen Grüntöne, die dem Herbst gut stehen, den kupferroten Winter blaß und krank aussehen lassen. Gefärbte oder aufgehellte Haare sehen am Wintertyp billig aus.

Haut: weiß, beige, olivfarben, braun, schwarz.
Augen: hell bis dunkelbraun, grau-blau, grau-grün, gelb-grün, türkis, dunkel-blau, gelb-braun.
Haare: strohblond oder goldblond als Kind, braun, kastanienfarben, schwarz-braun, schwarz, grau (silber), pfeffer/salz.

Fotos: Elégance PARIS

DER SOMMER

Die Sommerfrau ist mit intensiven leuchtenden Farben überfordert. Pastellige kühle Farben stehen ihr besonders gut. Oberes und unteres Foto: Elégance PARIS

Der Sommer gehört zur kühlen Farbpalette und hat, wie der Winter, einen bläulichen Unterton in der Haut. Sie ist meistens zart, wodurch sie rosig erscheint und diesem Typ ein zartes Aussehen verleiht. Der etwas dunklere Sommertyp, näher zum Winter tendierend, kann bei Sonneneinwirkung bräunen, während der hellere Sommertyp die Sonne wohl aufgrund schlechter Erfahrungen meidet. Falls Sie anhand dieses Buches Ihren Typ zu bestimmen versuchen, müssen Sie darauf achten, daß Sie Sommer und Frühling nicht verwechseln.

Die Augen des Sommers sind meistens blau. Es gibt einige mit grau-grünen oder grau-blauen Augen. Ganz selten wird Ihnen ein Sommertyp mit hellbraunen Augen begegnen, die gleichzeitig einen blau-grünen Unterton haben und oftmals mit der Kleidung eine andere Farbe annehmen.

Die Haare des Sommertyps sind aschblond; mit zunehmendem Alter wird das Haar oft dunkler bis hin zu mausbraun. Im Gegensatz zum Wintertyp sieht aufgehelltes Haar beim Sommertyp besonders gut aus. Gerade für diesen Typ ist es wichtig, die richtigen Farben für sich zu finden, da er in den falschen Farben farblos und langweilig aussehen kann. Die natürlichen Farben sind beim Sommertyp kräftige Pastelltöne, weshalb harte Farben zu vermeiden sind.

Haut: hell-rosig, hell bis rosig-beige, dunkles rosig-beige.
Augen: blau, grau-blau, grün-blau, hellbraun.
Haare: aschblond, mittel-blond, mausbraun, grau (silbern).

16

Fotos: Elégance PARIS

17

DER FRÜHLING

Der Frühling ist häufig betont feminin. Warme leuchtende Farben stehen ihm daher besonders gut.

Der Frühling ist am häufigsten in Nordeuropa anzutreffen. Die Haut hat einen goldenen Unterton, sie ist zart und empfindlich. Einige Frühlingstypen sind so hellhäutig, daß ihr Teint milchig weiß erscheint. Es gibt aber auch Frühlingstypen mit rosiger Haut, mit rötlichen Sommersprossen oder mit pfirsichfarbenem Teint. Manche bräunen leicht, andere vertragen kaum Sonne. Bei dunklerem beigem Teint, zum Herbst tendierend, braucht der Frühling Make-up, um nicht farblos zu erscheinen.

Beim Frühling sind fast alle Augenfarben vertreten, obschon die hellen Farben häufiger vorkommen. Überwiegend sind blau, grün-blau, gold-braun, gold-grün. Manchmal begegnen Ihnen hellbraune Augen bei diesem Typ, die dann aber immer goldene oder grüne Flecken haben.

Die Haarfarbe ist meistens blond mit Schattierungen von strohblond über goldblond bis honigfarben. Frühlingstypen haben als Kind oft rotes Haar. Das blonde Haar färbt sich mit zunehmendem Alter in hellbraunes, das rote Haar in honigfarbenes Haar. Der Frühlingstyp ergraut mit einer wenig schönen Färbung von gelblichem Grau, die erst wieder gut aussieht, wenn das Haar völlig weiß ist.

Haut: elfenbein-farben, gold-beige, pfirsich-farben, rosig.
Augen: Hell bis dunkelblau, grün-blau, gold-grün, hell-gold-braun.
Haare: blond, rot, hellbraun, dunkelbraun, grau (warm), weiß (warm).

18

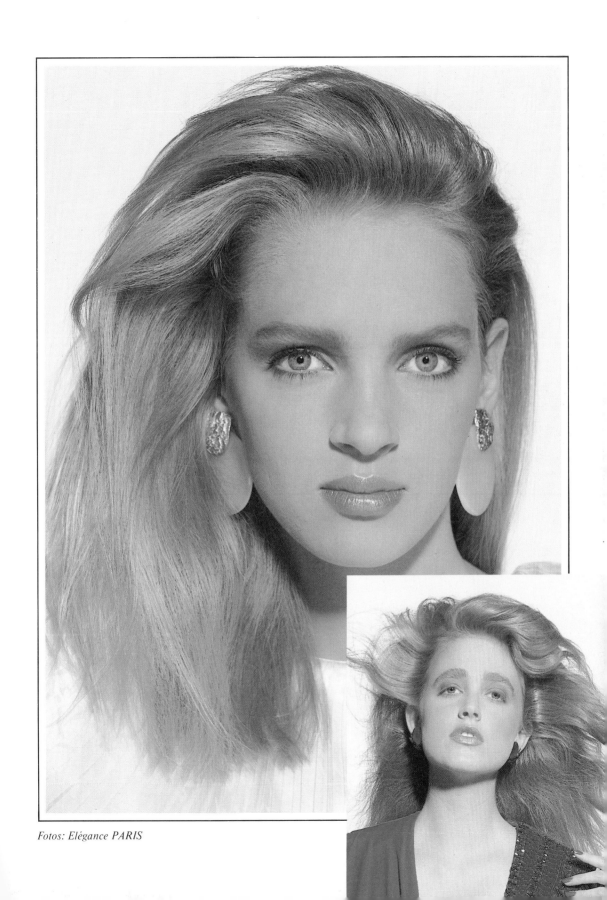

Fotos: Elégance PARIS

DER HERBST

Der Herbst hat, wie der Frühling, einen goldenen Unterton in der Haut. Es gibt viele Wintertypen, die, wenn sie nach ihren Lieblingsfarben gefragt werden, die Erdfarben nennen, die aber zur Herbstpalette gehören. Ein Herbst sieht auch in grün, rost und gelb gut aus, was nicht für den Winter zutrifft. Der Herbst hat meistens eine elfenbeinfarbene Haut. Sie kann aber auch pfirsichfarben oder hell mit Sommersprossen sein. Bei manchen beigen Hauttypen wirkt der Teint blaß und farblos. Ein wenig Sonnenbräune steht den Herbsttypen besonders gut, – sie bekommen bei Sonneneinwirkung meist eine goldbraune Färbung.

Selbstbewußt und natürlich präsentiert sich der Herbst. Die warmen freundlichen Farben unterstützen diese Aussage.

Braune Augen sind bei diesem Typ am häufigsten vorzufinden, von bernsteinfarben über rotbraun bis dunkelbraun. Dunkelbraune Augen werden mit zunehmendem Alter manchmal grün-braun oder gold-braun. Sie finden aber auch grüne, gold-grüne und oliv-braune Augen beim Herbsttyp. Es gibt kaum einen Herbsttyp mit blauen Augen; auch grün-blau kommt selten vor.

Das Haar des Herbsttyps ist oft honigfarben bis hellbraun in der Kindheit und wird mit zunehmendem Alter dunkler. Der Herbst kann auch honigblonde oder undefinierbar braunblonde Haare haben. Die Rothaarigen, in sämtlichen Schattierungen, gehören meistens zum Herbsttyp von hellrot bis kastanienbraun.

Wie beim Frühling ist der Übergang zu grauem Haar wenig schön und sollte, falls es gefärbt wird, niemals aschbraun sondern immer den natürlichen Farben entsprechend mit rotem oder goldenem Unterton eingefärbt werden.

Haut: elfenbein-farben, hell- oder dunkel-beige, pfirsich-farben, rosig.

Augen: hell-bis dunkel-braun, goldgrün, grün-blau.

Haare: honigfarben, gold-braun, rotbraun, kastanien-farben, grau (warm), weiß (warm).

20

Fotos: Elégance PARIS

Die Winterpalette
zeichnet sich durch
leuchtende, intensive,
kühle Farben aus oder
durch zarte Pastelltöne.

22

Die Farben der Sommerpalette setzen sich aus kräftigen, kühlen Pastelltönen zusammen.

*Die klaren warmen
Farben des Frühlings
reichen von Forsythien-
gelb bis Maiengrün.*

24

Der Herbst-Typ *trägt warme Mischtöne, wie sie die Natur zum Herbst zeigt.*

25

Probieren geht über studieren

Falls Sie keine Gelegenheit haben, sich einer Farbberatung zu unterziehen, bei der Sie nicht nur feststellen, zu welcher Jahreszeit Sie gehören, sondern darüberhinaus Ihre optimale Farbe aus der jeweiligen Farbgruppe kennenlernen, sollten Sie im Vergleich mit einigen Freunden und Bekannten ein ›Happening‹ daraus machen, festzustellen, welcher Farbtyp jeder von Ihnen ist. Nehmen Sie sich dazu einen Morgen oder Nachmittag vor, um Tageslicht zur genauen Bestimmung der einzelnen Farben zu haben.

Vergleichen Sie als erstes den Hautton. Drei Pigmente Karotin, Melanin und Haemoglobin bestimmen den Farbton Ihrer Haut. Ist sie nun beige, golden, cremefarben, oder haben Sie ›blaues Blut‹, von dem Sie bisher nichts wußten? Schauen Sie auf Ihr Handgelenk. Alternde Haut nimmt gerne eine gelbliche Färbung an, verwechseln Sie diese nicht mit Ihrem Hautgrundton.

Falls die Haut Ihnen keine aufschlußreiche Auskunft über Ihren Typ geben konnte, werden sie bestimmt sicherer werden, sobald Sie sich in die Augen sehen. Versuchen Sie zu bestimmen, ob Ihre Augen das Braun, Grün, Braungelb, Braun-grün oder Grün-blau der warmen Farben zeigen oder ob grau, blau, grau-blau, grau-grün, dunkelbraun, schwarzbraun überwiegen. Zur ersten groben Unterscheidung ist es wichtig festzustellen, liege ich mit meinen Farben auf der Seite der kühlen (Winter/Sommer) oder der warmen (Herbst/Frühling) Töne?

Bei den Haaren ist die Unterscheidung relativ einfach. Der goldene Unterton von Herbst und Frühling schimmert bei der richtigen Beleuchtung meistens durch.

Zur Bestätigung dessen, was Sie bisher ermittelt haben, sollten Sie einen Farbtest mit Mustern durchführen. Besorgen Sie sich in Form von Kleidungsstücken und Tüchern einige typische Farbtöne wie z. B.

Winter	Sommer	Frühling	Herbst
rot	hellblau	goldbraun	dunkelbraun
schwarz	altrosa	lachsrosa	curry
weiß	dunkelblau	goldgelb	beige
pink	lila	koralle	tomatenrot
schiefergrau	flieder	hellblau	khaki

Decken Sie die Kleidung durch ein neutrales beiges Tuch ab. Die Dame, die Sie testen, sollte kein Make-up tragen, weder Rouge noch Lippenstift. Falls die Haarfarbe nicht mehr dem ursprünglichen Farbton entspricht, decken Sie auch das Haar mit einem neutralen Tuch ab (Das schnelle Wegwischen von Lippenstift und anderen Farben, die sich im Gesicht befinden, reicht oft nicht aus, da Farbreste zurückbleiben. Bei einer fachgerechten Farbanalyse wird das Gesicht mit einer Gesichtsmaske gereinigt).

So, und nun kann's losgehen mit dem Test. Zuvor aber noch ein kurzer Hinweis für die begutachtenden Anwesenden. Urteilen Sie nicht nach Ihren eigenen Lieblingsfarben, sondern betrachten Sie das Gesicht der Testperson, um festzustellen: Sieht diese Dame frischer, gesünder, harmonischer mit dem ihr umgelegten Farbmuster aus oder wirkt das Gesicht müde, blasser, weniger lebhaft. Bitte achten Sie einzig und allein auf die Wirkung der Farbe auf diese Person. Sie werden bald herausfinden, daß eine Farbgruppe vorteilhafter ist als die andere.

Ich möchte allerdings davor warnen, daß es bei dieser Farbanalyse im häuslichen Rahmen leicht zu falschen Beurteilungen kommt, da die umgelegten Tücher oder Kleidungsstücke so verschieden in Struktur und Qualität und Farbnuancierung sein können, daß die Anwesenden nicht allein die Farbe sehen, sondern auch unbewußt von dem Material in ihrem Urteil beeinflußt werden. Stellen Sie sich einen hellblauen Angorapulli und vergleichsweise einen roten Synthetik-Pullover vor – natürlich entstehen dabei leicht Farbentscheidungen, die eigentlich dem Material gelten!

Bei unseren Farbseminaren zeigt sich immer wieder, wie einmütig eine Farbe als ›richtig‹ oder ›falsch‹ beurteilt wird. Wir holen aus dem Kreis der Anwesenden eine Teilnehmerin nach vorne, decken ihre Kleidung mit einem Tuch in gebrochenem Weiß ab, die Haare ebenfalls, wenn nötig (gefärbt) und vergleichen als erstes schwarz mit braun, pink mit tomatenrot, grau mit goldgelb. Schon bei diesem kurzen Test stellt sich heraus, ob es die warmen oder kühlen Töne sind, die ihr besser stehen. Nachdem diese Vorabentscheidung getroffen ist, vergleichen wir die Mischtöne des Herbstes mit den zarteren und klareren Farben des Frühlings oder aber bestimmen durch einen Vergleich ob Winter- oder Sommerfarben besser zum Gesicht passen. Wenn wir dann herausgefunden haben, in welche Jahreszeit die Teilnehmerin gehört, nehmen wir uns die gesamte Farbpalette vor und suchen unter den vielen Farben die schönsten in der für diese Person günstigsten Reihenfolge aus. Man könnte annehmen, daß bei einer Gruppe von dreißig Leuten sehr unterschiedliche Meinungen aufkommen. Für mich war es anfänglich immer wieder erstaunlich festzustellen, daß es kaum abweichende Meinungen gab, sondern alle Anwesenden ziemlich einstimmig eine Farbe für gut oder weniger gut hielten. Ist es nicht verwunderlich, wie sicher wir in der Beurteilung anderer Menschen sind und wie unsicher wir werden, wenn es darum geht für uns selbst die richtige Wahl zu treffen?

Wenn Sie nur wenige und außerdem noch ungeeignete Stoff-Farbmuster haben, lassen sich die Typen eher durch dekorative Kosmetik festlegen.

Wie schon gesagt, ist eine Gesichtsmaske die beste Reinigungsmöglichkeit vor dem Test, eine Reinigungsmilch reicht aber auch, um die Haut von jeglichem Make-up und Farbresten zu befreien. Falls jede Dame ein kleines Sortiment von Farben mitgebracht hat, werden Sie sicherlich einen typischen Lippenstift für die entsprechende Jahreszeit aussuchen können.

Für den *Winter* wählen Sie ein klares Rot (weder blau- noch gelbstichig), ein Wein- oder Lilarot. Für den *Sommer* kommt ein heller bis mittlerer Pinkton bzw. Altrosa infrage. Der *Herbst* trägt orangerote bis braunrote Töne, während der *Frühling* korallenrote oder pfirsich-farbene Lippenstifte wählt. Das Rouge entspricht den Lippenstiftfarben und sollte, nachdem man festgestellt hat, welcher Lippenstift der Passendste ist, zur Bestätigung mit aufgetragen werden.

Eine Kosmetikerin mit langjähriger Berufserfahrung klagte mir gegenüber darüber, daß es manchmal unmöglich sei, eine Kundin von einem anderen Farbton zu überzeugen, wenn sie schon jahrelang dieselbe Lippenstiftfarbe benutzt. Einige Damen haben sich daran gewöhnt, sich in bestimmten Farben zu sehen, – manchmal sind es aber nicht die Optimalen. Lassen Sie die anderen Damen miturteilen, dabei werden Sie sich bestimmt auf das Richtige einigen können.

Bei diesem Test müßte es Ihnen gelingen, Ihren Farbtyp festzulegen. Aus Erfahrung aber kann ich Ihnen sagen, daß Sie oft nur mit einem geschulten Auge genau bestimmen können, in welche Jahreszeit eine Person einzuordnen ist. Falls Sie jedoch mit Sicherheit Ihren Typ bestimmen konnten, drapieren Sie noch einmal ein entsprechendes Tuch aus Ihrer Farbpalette um die Schultern. Jetzt läßt sich erkennen, was Farben bei Ihnen bewirken können, und daß Sie durch die richtige Farbe oft um Jahre jünger aussehen. Sollte das Ergebnis Ihrer Analyse für Sie doch nicht ganz befriedigend ausfallen, liegt es meistens daran, daß Ihnen nicht eine genügend große Auswahl an Farben und Kosmetika zur Verfügung stand.

Eingeschränkt durch Typbestimmung?

Es erhebt sich vielfach die Frage ›Ist man durch die Festlegung auf einen Farbtyp nicht stark in der Wahl seiner Farben eingeschränkt?‹ Selbstverständlich, denn Sie wählen nur die Farben, die Ihnen wirklich gut stehen. Aber es gibt so viele Möglichkeiten der Zusammenstellung, daß es an Variationen nicht mangelt. Es ist auch eine Geldfrage, ob Sie auf eine andere

Farbpalette überwechseln wollen oder nicht. Auf Reisen ist es wirklich sehr angenehm, wenn Sie nicht zu vier verschiedenen Kleidern die farblich abgestimmten Taschen und Schuhe mitnehmen müssen, sondern zu allen Kleidungsstücken je nach Anlaß zwischen bequemen, sportlichen und eleganten Schuhen wählen können, die dazu noch jeweils im Farbton zur gesamten Garderobe passen.

Die Farben einer Jahreszeit sind untereinander mischbar, so daß Sie beim Kombinieren nie in Schwierigkeiten kommen und somit viel mehr mit Ihrer Garderobe anfangen können.

Oft stimmen mir Damen voll zu, wenn wir die optimalen Farben aussuchen und festlegen. Sie sind aber nicht bereit auf das schwarze Kleid, den dunkelblauen Mantel oder sonst ein ›gutes Stück‹ zu verzichten. Das brauchen Sie auch nicht, allerdings würde ich immer versuchen, eine Verbindung zur optimalen Farbpalette herzustellen. Ein Beispiel hierfür wäre: Ein Herbst-Typ möchte unbedingt, entsprechend dem Modetrend, einen schwarzen Pulli tragen. Das geht schon, aber beleben Sie das tote Schwarz mit einem Schal, sagen wir in curry, der aus *Ihrer* Farbpalette ist und stellen Sie eine Verbindung her, indem Sie den Rock im gleichen Farbton wie den Schal wählen.

Farbberatung – ein Luxus?

Vielleicht haben Sie den Eindruck, daß eine Farbberatung ein Luxus für den Teil der Gesellschaft ist, der damit zu viel vorhandene Freizeit auf amüsante Weise nutzt. Das ist es ganz sicher nicht. Eine Farbberatung bietet die einfachste Lösung zur Vermeidung von Fehlkäufen und schlecht oder falsch kombinierter Kleidung. Sie erkennen Ihre Farben und bauen darauf Ihre Garderobe auf, und vermeiden nicht nur den schnellen, unbedachten Kauf, weil das Teil so stark reduziert war (wenn Sie es später kaum oder gar nicht tragen, war es auf jeden Fall zu teuer), sondern Sie bringen System in Ihre Garderobe – ein Thema, über das wir später noch sprechen werden.

Plagt Sie ein schlechtes Gewissen, wenn Sie für sich und damit für Ihr gutes Aussehen Geld ausgeben? Es gibt viele Frauen, die aufgrund ihrer Erziehung dazu neigen, die Bemühungen

Diese Dame hat ihr Aussehen grundlegend verändert; kein Luxus, wie man sieht.

Fotos : Lothar Brunner

30

um gutes Aussehen mit Eitelkeit zu verwechseln. Sie fühlen sich schuldig, wenn sie das Familienkonto mit solchen Ausgaben belasten. Das Mofa für die Kinder ist oft wichtiger als eine gutaussehende Mutter.

Manchmal geht das Interesse auch nur so weit, daß Sie entsprechend Ihrer Alters- oder Berufsgruppe ›richtig‹ angezogen sein wollen. Es ist sicherlich klug, sich seiner Umgebung anzupassen, aber vergessen Sie dabei nicht Ihren eigenen Stil, Ihre persönliche Note.

Investieren Sie ein wenig mehr Zeit und planen Sie konsequent bis in's letzte Detail Farben, Formen und Zubehör. Sie werden um vieles vorteilhafter aussehen.

Wir alle sind schon mal in Situationen gekommen, in denen uns Selbstsicherheit und Mut verlassen haben, vielleicht bei einer Gesellschaft, die uns völlig fremd war, einer Gruppe von ›Experten‹, die uns einschüchterte, oder nur auf einer Party. Wenn wir uns bei solchen Gelegenheiten auf unsere gut gewählte Kleidung verlassen können, wird das, was uns an Sicherheit fehlt, durchaus aufgewogen. Als erstes sagt unser ›Äußeres‹ aus, ob wir Geschmack und Stil haben, ob wir aufgrund unserer Kleidung für diese Gruppe akzeptabel sind oder nicht.

Bedenken Sie einmal, wieviel Mißerfolg und Hemmnisse im Berufsleben nur auf falsch gewählter Kleidung beruhen. Es wäre sicherlich eine Überlegung wert, anzuregen, daß das Grundwissen über dieses wichtige und umfangreiche Gebiet der typbezogenen richtigen Farb- und Kleiderwahl in den Schulen gelehrt wird. Seminare und Vorträge zu diesem Thema sind Teil des Stundenplanes in den USA. Eine gute Garderobe zu besitzen, ist nicht das Privileg von wenigen wohlhabenden Leuten, es ist eher die Fähigkeit, systematisch die richtige Kleidung für die entsprechenden Bedürfnisse zu planen und alle Kombinationsmöglichkeiten auszuschöpfen.

Holen wir also das in den Schulen Versäumte nach und befassen wir uns erst ein wenig mit Farben im allgemeinen und dann mit bewährten Kombinationen für Ihren Typ.

Wie kombiniere ich Farben?

Falls Sie Ihre Jahreszeit herausgefunden haben, gilt es nun, Ihre Farben zusammenzustellen, um darauf Ihre Garderobe aufzubauen. Generell könnte man sagen, je stärker die natürlichen Kontraste – ganz dunkles Haar, braunschwarze Augen – um so kräftiger können auch die Farbakzente sein. Klare, lebhafte Farbtöne sind die Devise für den *Wintertyp*. Bei besonders blassem Teint sollte der Winter knallige Farben in Gesichtsnähe vermeiden; in diesem Fall wird Weiß besser durch die Farbnuance Eierschale ersetzt, da Weiß die Farbe aus dem Gesicht zieht. Im Sommer, mit sonnengebräunter Haut können Sie wesentlich vorteilhafter damit aussehen.

Foto: Lothar Brunner

Der *Sommertyp* mit mausbraunen Haaren wird mit Vorliebe zu rosigen Brauntönen, flieder, altrosa und weinrot greifen. Je nach Augenfarbe wird Ihnen auch blau-grau, blau und türkis gut stehen. Für den aschblonden Typ ist himmelblau oft die ideale Farbe, aber auch zitronengelb, orchidee und ein sanftes Pink können äußerst vorteilhaft sein. Wie schon gesagt, je heller Haar- und Augenfarbe, um so weniger vertragen Sie intensive Farbkontraste.

Foto: Lothar Brunner

Beim *Herbst* gilt die Regel: Dunkelbraunes und rotbraunes Haar vertragen, wenn der Teint nicht zu hell ist, kräftige Mischtöne wie curry, safran, rotbraun, tomatenrot.

Rotes, goldblondes und honigfarbenes Haar, das beim Frühling oft von grünen oder hellblauen Augen begleitet ist, braucht hellere Farben wie zum Beispiel aqua, türkis, lachs und koralle. Den Rothaarigen steht oftmals blau besser als die bewährte Grünkombination.

Foto: Lothar Brunner

Zweimal im Jahr wird uns auf vielfache Weise mitgeteilt, welche Farbkombinationen »in« sind. Wenn Sie sich dem Diktat der Mode beugen wollen, wählen Sie die für Sie akzeptablen Kombinationen daraus. Erkennen Sie den Modetrend, der sich über Jahre hält. Die Trendfarben der jeweiligen Modesaison bieten für jeden Typ die passenden Farben. Sie können sich aber auch davon unabhängig machen, indem Sie ihre Lieblingsfarben tragen und durch Accessoires zeigen, daß Sie modisch orientiert sind. Mir scheint es wenig sinnvoll, jeden Modegag aufzugreifen, denn Sie laufen ständig atemlos hinter den letzten Modeaktualitäten her, haben selten eine zusammenhängende Garderobe und sind somit auch wohl kaum gut angezogen.

Bei der Zusammenstellung von Farben sind viele Menschen unsicher; das gilt nicht nur für die Kleidung, sondern auch bei der Inneneinrichtung.

Johannes Itten (der übrigens an der ›Höheren Fachschule für Textile Flächenkunst‹ in Krefeld sein erstes Manuskript einer eigenen Farbenlehre erstellte) schreibt in der Studienausgabe ›Kunst der Farbe‹, daß die Erfahrungen und Versuche über subjektive Farbakkorde zeigen, daß verschiedene Personen in ihrem Urteil über Harmonie und Disharmonie verschiedener Ansicht sein können.

Es ist deshalb nicht möglich oder ratsam, die ›idealen Farbzusammensetzungen‹ für eine andere Person festzulegen – diese müssen gemeinsam gefunden werden.

Sie müssen für sich erkennen, welche Farben Ihrer inneren Harmonie entsprechen, was nicht zuletzt durch Ihre Vitalität und Ihren Charakter bestimmt wird. Natürlich führen Anregungen von außen zu neuen Erkenntnissen, die ein sonst monotones Farbbild bereichern können. ›Man kann nur sehen, was man weiß‹ sagte mir ein Künstler, mit dem ich mich über das Thema Farben unterhielt. Neue Erkenntnisse können Ihnen ganz andere Blickpunkte eröffnen.

Als ich kürzlich eine Farbberatung durchführte, erklärte mir die Dame, im Grunde könne sie nur blau in allen Schattierungen tragen, wobei die kräftigen Blautöne ihr weniger gefielen. Sie war eine stille, eher zurückhaltende Frau, Haarfarbe aschblond, Augen graublau mit hellem, etwas blassem Teint. Es war eine Freude für mich zu sehen, wie sie, zwar sehr zaghaft, aber doch mit Überzeugung feststellen konnte, daß ihr noch eine Reihe von anderen Farbtönen des Sommers hervorragend standen.

Es gibt viele Personen, die sich auf einen Farbton festgelegt haben und dabei vergessen, daß ihnen andere Farben genauso gut, zum Teil sogar noch besser stehen. Manchmal fehlt der Mut zum Neuen. Oftmals baut sich eine solche Farbentscheidung auf das Urteil von anderen Menschen, Ehepartnern, Eltern etc. auf. Wenn eine autoritäre Mutter bestimmt: »Das steht Dir gut« oder »das steht Dir nicht«, kann es durchaus sein, daß man an solchen Farben festhält, ohne sich selbst über den eigentlichen Grund im Klaren zu sein. In solch einem Fall ist es von allergrößter Wichtigkeit, daß diese Person zu ›ihren‹ Farben findet.

Nicht selten sucht man ständig wieder nach einer Farbe, die einen vielleicht als junges Mädchen in einem bestimmten Kleid so viele Komplimente gebracht hat. Auch das sind wiederum falsche Voraussetzungen für die geeignete Farbwahl.

Andererseits kann auch eine Abneigung gegen bestimmte Farben von Kindheitserlebnissen herrühren, wobei man die Farbe der Umgebung mit einem unangenehmen Ereignis gleichsetzt und von nun an diese Farbe nicht mehr mag. Oftmals hilft es, sich dieses verdrängte Ereignis zurückzurufen, um die Abneigung aufzuklären und zu verstehen.

Gehen Sie behutsam vor, falls Sie an Ihrer Kleidungsaussage etwas ändern möchten und tragen Sie neue Farben in Form von Accessoires. Ihre Umgebung wird sich Schritt für Schritt daran gewöhnen und nicht durch einen plötzlichen Wechsel total überwältigt sein.

Im Prinzip gilt die Regel, schön ist, was Ihnen gefällt und worin Sie sich gefallen, denn wenn Sie sich in einem Kleidungsstück nicht wohl fühlen, können Sie nicht gut darin aussehen oder umgekehrt. Sie werden am besten aussehen, wenn Sie voll überzeugt sind, daß Ihre Kleidung absolut passend und chic ist und Ihre Wahl auf entsprechenden Kenntnissen basiert.

Wenn ich passend sage, so meine ich, Ihre Kleidung sollte Ihrer Tätigkeit und Stellung entsprechen. Falls Sie die Chefin sind, sollte man es Ihrer Kleidung auch anmerken können. Eine Sekretärin in Minirock und engem, tief ausgeschnittenem Pulli mag sich zwar sehr chic darin vorkommen, kann aber sicherlich bald an den Reaktionen ihrer Umgebung feststellen, daß solche Kleidung ›eindeutig‹ verstanden wird. Intelligenz ist die Fähigkeit, Unterschiede zu erkennen. Nutzen Sie Ihre Intelligenz, um zu unterscheiden, wann welche Kleidung angebracht ist. Betrachten Sie sich in einem Spiegel von Kopf bis Fuß. Wenn Sie mit dem Bild, daß Ihnen da entgegensieht, voll zufrieden sind und diese Erscheinung Ihrer Umgebung entsprechend ist, können Sie selbstbewußt und sicher in den Tag oder zu einem festlichen Abend gehen. Sie werden besonders hübsch aussehen, denn die Harmonie und Sicherheit, die Sie ausstrahlen, überträgt sich auf den Betrachter und anerkennende Blicke sagen Ihnen, daß sich Ihre Mühe gelohnt hat.

Es gab früher einmal Regeln, nach denen ›grün und blau‹ nicht zusammenpaßten und Rothaarige vornehmlich grün tragen sollten. Unsere Welt ist farbiger geworden und, angeregt durch Impressionen aus aller Welt, tragen wir die bunten Farbkompositionen der Indios aus Lateinamerika genau so wie die Khaki-Töne der Safari-Kleidung. Es gibt jedoch beim Zusammenstellen von Farben Richtlinien, die Sie wissen sollten, um sich dann nach Wunsch und Können darüber hinwegzusetzen.

Farbfamilien-Komplementärfarben

Alle Farben sind Mischungen aus den drei Grundfarben rot, gelb und blau. Wenn Sie jeweils zwei dieser Grundfarben zu gleichen Teilen mischen, entsteht aus dieser Verbindung:

bei rot und gelb = orange
bei gelb und blau = grün
bei blau und rot = lila

41

Die einfachsten Kombinationen, die auch von den meisten Menschen harmonisch empfunden werden, entstehen, wenn man sich an eine »Farbfamilie« hält. Natürlich wünschen Sie diese Kombinationen in Ihrer Kleidung nicht in der Intensität, wie sie hier im Farbenkreis von Johannes Itten abgedruckt sind.

Zwölfteiliger Farbkreis aus den Farben erster Ordnung gelb, rot, blau (Aus: Johannes Itten, »Kunst der Farbe – Studienausgabe«, Otto Maier Verlag Ravensburg 1961)

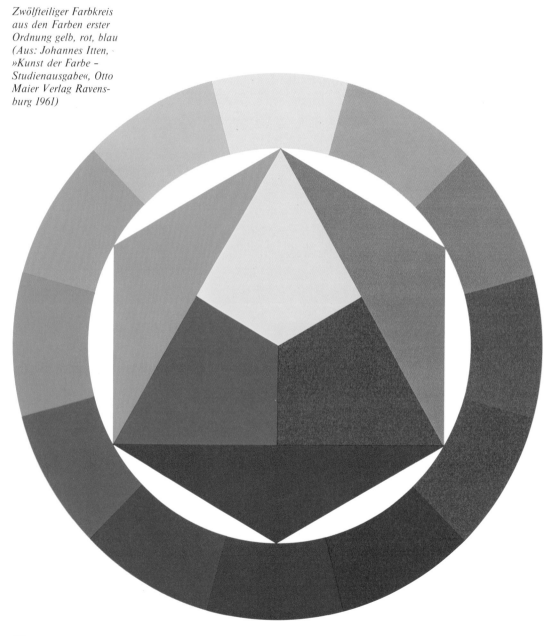

Schauen Sie sich die nachfolgende Farbtafel vom selben Autor an: Sie werden sehen, daß durch Graubeimischung viele Kombinationsmöglichkeiten in den verschiedenen Abstufungen bestehen. Also, halten Sie sich an Ihre Farbfamilie mit blauem oder goldenem Unterton – je nach Typ –, und kombinieren Sie unter den ›Vettern und Cousinen‹ Ihren Vorstellungen entsprechend.

Zwölf Grautonstufen zwischen Weiß und Schwarz und die zwölf Farben des Farbkreises mit Aufhellungen und Verdunkelungen, die den Grautonstufen im Helligkeitswert entsprechen.
(Aus: Johannes Itten, »Kunst der Farbe – Studienausgabe«, Ravensburger Buchverlag Otto Maier GmbH)

Gehen wir zurück zum vorher erwähnten Farbenkreis, so sehen wir, daß auf der gegenüberliegenden Seite eine Farbe erster Ordnung, wie rot, gelb und blau, die Komplementärfarbe liegt. So zum Beispiel grün als Komplementärfarbe zu rot, orange zu blau und lila zu gelb. Farbzusammenstellungen dieser Intensität sind eher für laute Werbeplakate zu wählen, die auf jeden Fall Aufmerksamkeit erheischen müssen, als daß sie für Ihre Kleidung vorteilhaft wären. Die Sache sieht allerdings wiederum ganz anders aus, wenn diese Komplementärfarben durch Graubeimischungen in ihrer Leuchtkraft abgeschwächt sind, wie auf der Farbtafel zu sehen ist.

Denken Sie bei Farbkombinationen immer an ein ausgewogenes Mengenverhältnis. Eine Farbe Ihrer Grundfarben sollte dominieren und mindestens 80 % betragen und alle weiteren Akzentfarben zusammen höchstens 20 % Ihrer Kleidung ausmachen.

Nutzen Sie die Kenntnisse über Komplementärfarben, falls Sie Ihre Augen ins rechte Licht rücken wollen. Blaue Augen gewinnen an Intensität, wenn Sie von braun, orange oder koralle umgeben sind; für grüne Augen gilt rot, pink, weinrot. Braune Augen sind besonders günstig von blaugrün oder grün umrahmt. Mir fallen immer wieder die leuchtend blauen Augen einer Kundin auf, die dazu üppiges, braunrotes Haar hat. Durch diesen natürlichen Braunton kommt das Blau der Augen zum Vibrieren, es entsteht eine Leuchtkraft, die bei blondem Haar weniger sichtbar wäre. Sie können durch Ihre Kleidung kompensieren, was auf natürliche Art durch Haare etc. nicht vorhanden ist, um ähnliche Effekte zu erzielen.

Einfarbige (monochrome) Kombinationen

Nachdem die ›Farbfamilien‹ und Komplementärfarben vorgestellt wurden, möchte ich noch kurz auf monochrome Farbzusammenstellungen eingehen. Beige, grau, graublau, weinrot, dunkelblau lassen sich wunderbar von der dunkelsten bis zur hellsten Farbabstufung miteinander kombinieren, allerdings sollten Sie auf so ruhigem Untergrund immer einen Blickfang wie ein Tuch, ein Schmuckstück oder einen Gürtel tragen, der Pfiff und Leben in die Komposition bringt.

Monochrome Kombinationen, wie Rubinrot und pinkes Rosé oder Paprikarot kombiniert mit hellem Apricot, sind Beispiele für ineinanderfließende Farben, die dem Auge nicht weh tun.

Grundfarben für die verschiedenen Typen

Beim systematischen Aufbau einer Garderobe sollten Sie bedenken, daß Sie sich an Grundfarben wie braun, beige, grau, blau, schwarz, weiß, weinrot usw. halten, da Sie sich daran niemals leid sehen und diese somit die idealen Basisfarben bilden, um die wir intensive Farben als Akzente setzen können. Sie kommen Ihrem Kleidungsbudget am meisten entgegen, da sie verläßlich niemals altmodisch oder zu grell, und damit fürs Auge belastend empfunden werden.

Zweifarbige (duochrome) Kombinationen

Die Mode bietet uns besonders häufig duochrome Farbzusammenstellungen an. Prototyp dafür und immer wieder begehrt ist die schwarz-weiß Kombination, mit der man dramatische Effekte erzielen kann. Für Ihre Kombinationen sollten Sie wissen, daß das Auge automatisch zu dem Punkt hingezogen wird, an dem die beiden Farben aufeinandertreffen. Legen Sie deshalb diesen Farbwechsel an die Stellen, wo Sie es gut vertragen können und nicht dorthin, wo Ihre Figurprobleme sind.

Für jede zweifarbige Kombination gilt die Regel 80 % zu 20 %. Sagen wir einmal, Sie hätten sich ein graues Kostüm als erstes Stück für Ihre neue Garderobe zugelegt und hätten die Absicht es mit weinrot zu kombinieren. Wenn Sie nun dazu Bluse, Schuhe, Handtasche und eventuell noch Hut in weinrot nehmen, wirkt das ganze Bild zu unruhig. Besser wäre, wenn die Schuhe und Strümpfe in grau, die Tasche in grau, eventuell mit ein wenig weinroter Dekoration und der Hut in einer Mischung von grau und weinrot getragen würden.

Bei dieser Zusammenstellung bleibt die Bluse weinrot. Für die Damen, die keinen Hut tragen, hätte ein Halstuch in Grau-Tönen mit weinrotem Muster den gleichen Effekt. Die Aufmerksamkeit wird so auf Ihr Gesicht gelenkt und bleibt nicht dort haften, wo wir sie gar nicht wünschen. Mit anderen Worten, steuern Sie die Aufmerksamkeit dorthin, wo Sie sie haben möchten.

Kosmetika
und ihre Farbpalette

Die Kosmetikserie von SN-Colours ist optimal auf die Farben der vier Jahreszeiten abgestimmt.

Jeder gute Visagist wird Ihre Haut sorgfältig betrachten und dann dabei feststellen, ob sie einen beige-goldenen Unterton hat oder einen bläulich-rosigen. Es ist verständlich, daß Ihr Make-up durch Ihre Jahreszeit bestimmt wird. Verschaffen Sie sich ein für alle mal Klarheit in dem Wirrwarr von Farben und erproben Sie Ihre Farbpalette der dekorativen Kosmetik.

Sie kennen wahrscheinlich auch das Problem: Zehn Lippenstifte, die Sie irgendwann einmal erstanden haben, stehen vor Ihnen im Ständer und Sie greifen doch immer wieder zur altbewährten Farbe aus Angst, die anderen könnten zu auffällig oder zu farblos wirken. Die Mode bringt jedes Jahr neue Farben für unser Make-up heraus. Kaufen Sie nicht blindlings aus dem Angebot einen Ton, von dem Sie glauben, daß er schon passen wird. Bei einer Farbberatung ist das Make-up zwangsläufig Teil der Beratung, denn wie wollen Sie ein harmonisches Gesamterscheinungsbild erzielen, wenn das Make-up nicht einbezogen ist? Jede von uns weiß, wie die Kosmetikfarben im Kontakt mit der jeweiligen Haut ihre Nuancen stark verändern können. Deshalb ist es eigentlich unumgänglich, die optimalen Farben für den Tag und für das Abend-Make-up durch eine Farbanalyse herauszufinden, wobei Ihnen dann auch gezeigt wird, wie die Farben aufzutragen sind.

Bedenken Sie dabei auch, daß es wesentlich preiswerter ist, die 100 % richtigen Farben für sich gefunden zu haben, als daß Sie diesen oder jenen Versuch machen und dann doch von den ›neuen‹ Farben Abstand nehmen, weil sie nicht mit dem Gesamtbild harmonieren. Make-up, Lippenstift und Nagellack, das Rouge, der Augenbrauenstift, der Lidschatten, alles zusammen ergibt eine Komposition, die Sie nicht angemalt erscheinen läßt, sondern die Ihre Farben widerspiegelt und sich harmonisch in das Gesamtbild einordnet.

Auch hierfür gibt es einige Grundregeln. Tagsüber, solange wir helles (kühles) Licht haben, können die Farben auf der wärmeren Farbseite liegen, obgleich selbstverständlich Ihre Jahreszeit berücksichtigt wird. Wenn die Schatten dann länger werden, und wir in warmes Lampen- oder Kerzenlicht eingetaucht sind, haben kräftigere und kühle Töne mehr Anziehungskraft.

Bild oben:
der Winter,
vorher – nachher

Bild unten:
der Sommer,
vorher – nachher

Die Zeiten, als Make-up wie eine Maske aufgelegt wurde, sind vorbei. Mit ein wenig Gesichtslotion vermischt, läßt sich der Fond de Teint so auftragen, daß das Make-up in die Farbe der Haut integriert wird. Nehmen Sie hierzu ein Schwämmchen und tupfen Sie die Mischung so in die Haut, daß sie Ihnen nahtlos und randlos einen einwandfreien Teint gibt. Anschließend wird das Gesicht leicht mit Puder überstäubt. Das anschließend aufgetragene Rouge muß wirklich »Ihr« Rouge sein, da es wahre Wunder bewirken kann. Es läßt Sie jünger, frischer und gesünder aussehen, wobei es Ihrer Vorliebe überlassen ist, ob Sie Cremerouge (oftmals natürlicher wirkend), Puderrouge oder beides wählen. Bedenken Sie, während Sie vor dem Spiegel stehen, daß Sie die Rötung der Wangen wie nach einem Spaziergang oder sonstiger sportlicher Aktivität erreichen wollen und keine »Apfelbäckchen«. Ihr Ziel ist es, gut auszusehen, aber nicht angemalt. Das Puderrouge wird mit einem großen weichen Pinsel aufgetragen – ein wenig Übung gehört oft dazu, bis Sie die richtige Dosierung finden (Schlagen Sie überflüssigen Puder aus, bevor Sie auftragen).

Eine Freundin meinte kürzlich, daß Sie sich so gerne schminken würde, aber nie so ganz sicher sei, wohin die Farben gehören und auch beim Auftragen zuweilen in Schwierigkeiten gerate.

Manche Frauenzeitschriften geben immer wieder Anleitungen für ein neues Make-up heraus. Oftmals ist es jedoch einfacher, das Häkelmuster auf der darauffolgenden Seite zu verstehen (und das halte ich für eine Fähigkeit, die nur wenigen gegeben ist), als diese Schminkvorschläge nachzuvollziehen.

Wohin also mit dem Rouge? Denken Sie sich eine Linie vom äußeren Augenende bis herunter zum Wangenknochen und verteilen Sie das Rouge über den Wangenknochen hinauf bis zum Haaransatz. Ganz leichte Akzente von Rouge werden anschließend noch über das Ende der Brauen entlang den Schläfen und dem Nasenrücken verteilt. Das Kinn bekommt dann nur noch einen Hauch der Farbe mit. Ein wenig transparenter Puder sorgt abschließend für einen ebenmäßigen Teint.

Die Konturen des Auges werden sehr fein mit grauem, schwarzem oder braunem Kajalstift umzeichnet, oder nur von der Mitte zum äußeren Augenwinkel hin betont. Sie streben ein natürlich aussehendes Make-up an! Aus diesem Grunde benutzen Sie auch einen transparenten Puder, der nur leicht überstäubt.

Der Lidschatten kann den Ton Ihrer Kleidung auffangen, bzw. nur als ›Schatten‹ zwei Nuancen dunkler als Ihr Make-up sein. Verschiedene Farben können hervorragend aussehen. Überpudern Sie solch ein Augen-Make-up immer mit einer neutralen Farbe. Blau-schwarze Wimpern wirken manchmal hart, ein braunschwarzer, bzw. brauner Farbton kann günstiger und natürlicher wirken. Die Lippenstiftfarbe sollte tagsüber nicht zu dunkel gewählt werden.

Für das Abend-Make-up dürfen wir schon mehr ›Farbe bekennen‹, wobei für Make-up und Rouge die gleichen Regeln gelten, jedoch wird das Auge kräftiger betont. Intensivieren Sie zuerst den Wimpernrand mit einem Kajalstift dezent. Biegen Sie sodann die Wimpern mit der Wimpernzange nach oben und tuschen Sie sie anschließend. Tragen Sie das Augen-Make-up strahlenförmig auf, indem Sie von innen nach außen, von hell nach dunkel gehen. Beim Augen-Make-up können Sie durch den Lidschatten sowohl die Farbe Ihrer Augen durch eine Komplementärfarbe unterstreichen, als auch den Lidschatten im Farbton der Augen wählen. Manchmal ist es auch hübsch, wenn Sie den Ton des Kleides reflektieren. Achten Sie aber immer darauf, daß der Lidschatten als Schatten gedacht ist und nicht Ihr Auge »überschatten« sollte.

Bild oben:
der Frühling,
vorher – nachher

Bild unten:
der Herbst,
vorher – nachher

Ein typgerechtes Make-up läßt die Damen natürlich und schön aussehen.

Make up: Annie Doré, Lancôme Paris
Frisuren: Coiffeur Michels, Bonn

49

Kann ich meinen Typ total verändern?

Im Grunde entspringen Ihre Farben Ihrem Innern und sind Teil Ihrer Gesamtpersönlichkeit. Sie haben so viele Kombinationsmöglichkeiten innerhalb Ihrer Palette, daß Sie immer wieder aufregend neue und schicke Wirkungen erzielen können. Trotzdem könnte es aber sein, und solche Gefühle werden meistens durch den zuvor erwähnten Einfluß anderer Menschen erweckt, daß Sie ganz neue Farbeindrücke kreieren wollen.

Ein Wechsel innerhalb der warmen bzw. kühlen Farben wirkt immer natürlicher, da er nicht eine totale Veränderung mit sich bringt, sondern nur eine Abschwächung oder Bekräftigung der vorhandenen Farben beinhaltet.

Durch das Färben der Haare in einen Farbton der entgegengesetzten Palette können wir unseren Typ sehr markant verändern. Machen Sie es nicht wie eine meiner Cousinen. Ein Winter-Typ intensivster Färbung, – blau-schwarze Haare, grüne Augen, helle Haut –, die sich ihre Haare rotbraun färben ließ und somit eher den Herbst-Typ verkörpert. Sie fühlte sich jedoch noch instinktiv zu der Winterpalette hingezogen und kleidete sich entsprechend. Damit aber wählte sie Farben, die nicht mehr ihrem Äußeren entsprachen.

Hierzu eine interessante Erkenntnis aus dem bereits erwähnten Buch ›Kunst der Farbe‹ von Johannes Itten. Er hatte einer Klasse von Schülern die Aufgabe gegeben, harmonische Farbakkorde zu malen.

Anschließend ließ er die Blätter, die alle sehr unterschiedlich ausfielen, auf dem Boden ausbreiten und es wurde mit Erstaunen festgestellt, daß jeder eine ganz andere Vorstellung von harmonischen Farbakkorden hatte. Als er dann eines der Blätter aufnahm und eine junge Dame fragte, ob sie die Akkorde gemalt hatte, war die Antwort ja. So ging es mit einem zweiten, dritten und vierten Blatt, bis alle Blätter dem jeweiligen Autor zugeordnet waren. Hierbei sollte erwähnt werden, daß Itten während der Entstehung der Blätter nicht im Raum war. Er ließ nun die Blätter von jedem Schüler so vor sich halten, daß man das Gesicht gleichzeitig mit der Farbkomposition sehen konnte. Es war eine merkwürdige Übereinstimmung des farbigen Gesichtsausdruckes mit den entsprechenden gemalten Farbakkorden zu beobachten.

Vielleicht kann diese Geschichte verdeutlichen, was ich unter ›Ihren Farben‹ verstehe. So wie wir Kenntnisse und Anregungen aufnehmen und diese zur Bereicherung unserer Ideen dienen, lassen sich auch neue Farben integrieren, aber nur dann, wenn sie sich im harmonischen Einklang zu ›Ihren Farben‹ gesellen. Lassen Sie sich nicht unter Hinweisen auf ›modisch‹, ›aktuell‹ oder ›chic‹ Dinge verkaufen, die Sie instinktiv zurückweisen würden. Sie bemerken doch sofort, wenn an einer fremden Person irgend etwas kleidungs- oder farbmäßig nicht stimmt! Glauben Sie, daß man es an Ihnen nicht genauso empfindet? Sie wissen doch, daß Sie durch Ihre Kleidung, deren Farbe, Form und Zusammenstellung die beeindruckendste Aussage über Ihre Persönlichkeit machen!

Was ist Farbdynamik?

Dynamik heißt, laut dem ›Deutschen Wörterbuch‹ von Wahrig »Lehre von der Bewegung von Körpern unter dem Einfluß von Kräften«. Das Wort wird im Sinne von Triebkraft, Kraftentfaltung, Schwung gebraucht. Es handelt sich also bei Farben um Kräfte, mit denen bestimmte Reaktionen beim Betrachter ausgelöst werden. Raumgestalter erzielen durch Farben ganz bewußte Effekte, um dem Raum Ruhe, Wärme oder andere gewünschte Eigenschaften zu geben. Bei Ihrer Kleidung können Sie die gleichen Mittel einsetzen, wenn Sie die Wirkung der einzelnen Farben kennen. Im folgenden eine Kurzbeschreibung der wichtigsten Farben:

Gelb: gilt als leichte, helle anregende Farbe mit der psychologischen Deutung von Geistigkeit und Intellekt. Ein schmutziges Gelb kann auch mit Falschheit gedeutet werden.

Orange: ist erwärmend, freudig, leidenschaftlich. Es drückt Sinn für Realität und Geld aus.

Braun: ist eine stabile, nüchterne, sparsame Farbe. Braun hat wenig Ausstrahlung für sich allein. Es drückt Erdigkeit, Solidität aus. Aufgehellt ins freundlichere Beige zeigt es Wärme und Eleganz.

Rot: ist lebhaft, erregend und stark. Die Farbe steht für Macht, Liebe, aber auch für Gefahr (rote Ampeln, rote Bremsleuchten etc.).

Lila: gebietet Ehrfurcht, ist distanziert und würdig. Rot ist immer aktiv, blau passiv, somit die Mischung der beiden distanziert, (eine Kirchenfarbe).

Blau: vermittelt Kühle und Passivität. Es drückt Ernsthaftigkeit und Klarheit aus, Himmelweite und Ruhe.

Grün: ist naturhaft, fruchtbar. Grün bedeutet Leben in der Natur. Ruhe und Hoffnung sind gleichzeitig Ausdruckswerte von grün. Wenn grün ins gelbgrün reicht, wird es frühlingshaft frisch. Zum Blaugrünen hin wird es empfindsam distanziert.

Welche Stilrichtung paßt zu mir?

TEIL 3

Klassisch-elegante, verspielte, extravagante oder sportliche Kleidung?

Um diese Fragen zu beantworten, müßte man Sie kennen. Aber wenn Sie sich auf das besinnen, was eingangs über das subjektive farbharmonische Empfinden gesagt wurde, so möchte ich hier ergänzen, daß es eine Frage Ihrer Vorliebe ist, die sicherlich Ihrem Charakter und Typ entspricht.

Natürlich hängt es auch von Ihrer Tätigkeit ab, und inwieweit Ihr Aussehen das Image der Firma reflektiert.

Falls Sie sich zum klassisch-eleganten Typ zählen, wählen Sie bevorzugt Tailleurs, klassische Blusenformen, dezente Farben. Diese Art der Kleidung wird von vielen Frauen im Berufsleben bevorzugt.

Ein Blazerkostüm muß keine Uniform sein. Es gibt vo viele wunderschön geschnittene Jacken, die Ihrem Typ entsprechend weichere und strengere Linien haben, daß Sie durchaus nicht in Ihrer Wahl begrenzt sind.

Für die verspielte Kleidung ist es wichtig, die auf Seite 62 angegebenen Punkte zu berücksichtigen. Betont feminine Kleidung ist zwar sehr schön, vergessen Sie aber dabei nicht, daß zu viele Kräusel, Ketten und Volants schnell überladen wirken können. Die Romantischen unter uns können zwar eine verspielte Bluse tragen, sollten aber ansonsten den Wunsch nach Rüschen und Spitzen, Ketten und Anhängern mehr in Ihrer privaten Garderobe verwirklichen. Es ist ganz bestimmt wichtig, daß Sie bei einem Vorstellungsgespräch auf klimpernden Schmuck, extreme Farben und starke Parfums verzichten.

Um extravagante Kleidung zu tragen, muß man der entsprechende Typ sein. Die starken Kontraste, die dramatischen Akzente, sind Teil der Persönlichkeit und sehen nur bei entsprechender Körpergröße und Gestik wirklich gut aus. Sie brauchen Flair, um solche Kleidung wirkungsvoll zu tragen. Ihr Auftreten, Ihre Gesten müssen in Übereinstimmung mit dem sein, was Sie tragen. Sie wollen durch Ihre Kleidung Aufmerksamkeit auf sich lenken. Das Ziel ist verfehlt, wenn Sie dann dieser Aufmerksamkeit nicht standhalten können. Ich meine damit ganz einfach die Sicherheit, die Sie empfinden sollten, weil diese Garderobe Ihrer Phantasie, Ihren Vorstellungen entspricht und für Sie eine natürliche Wahl bedeutet.

Am Arbeitsplatz ist zuviel ›Drama‹ auch wenig gefragt, es sei denn, Sie stehen irgendwo im Rampenlicht.

Die Damen, die zu sportlicher Garderobe tendieren, können diese Neigung durchaus in ihrer ›offiziellen Kleidung‹ andeuten. Jedoch ist ein Mohairpulli mit kariertem Faltenrock und flachen Sportschuhen nicht immer richtig am Platze. Eine gut sitzende Hose zur Blazerjacke und Schuhe mit weniger hohen Absätzen sind meistens durchaus akzeptabel.

Im allgemeinen verbindet man bestimmte Verhaltensweisen und Eigenschaften mit der getragenen Kleidung. Ein elegantes Kostüm erfordert damenhaftes Benehmen. Lederblousons und Nietenhosen können kaugummikauend und breitbeinig laufend getragen werden. Es ist interessant zu sehen, wie wir alle irritiert sind, wenn die Kleidungsaussage mit der Persönlichkeit nicht übereinstimmt. Arbeiten Sie an sich, wenn es auf diesem Gebiet noch etwas nachzuholen gibt!

Wenn wir uns die Farbpalette der einzelnen Typen unter Berücksichtigung der Farbdynamik ansehen, könnte man daraus folgern:

Der klassisch-elegante Typ
trägt sanfte, weiche Formen, klassische, feminine Kleidung. Entsprechend der Farbdynamik wäre der Sommer, der viele Grau- und Blautöne aufweist, zurückhaltend, ruhig, klassisch-feminin bei der Wahl der Kombinationen.

Beispielauswahl für die vielfältigen Kombinationsmöglichkeiten, die sich aus nur zwölf gezielt zusammengestellten Kleidungsstücken ergeben; wichtig ist die farbliche und typgerechte Abstimmung der Basisgarderobe. Mein Vorschlag: Für die Ihrem Typ entsprechende Garderobenplanung malen Sie die Teile in Ihren Farben aus.

56

58

Der extravagante Typ:
*Starke Farbakzente,
sportliche oder
extravagante Kleidung.
Schwarz, Weiß und
leuchtendes Rot sind
nicht für die Stillen, die
nicht auffallen möchten,
gedacht. Kühne Effekte
und dramatische
Kombinationen können
vom Winter meist gut
getragen werden.*

59

Der sportliche Typ:
Der Herbst neigt zu
sportlicher Kleidung,
verkörpert aber auch
Naturverbundenheit und
Liebe zu »ländlichen«
Rüschen und Spitzen.
Die warmen Farbtöne
sind ideal für Leder-
kleidung, Loden und
Tweeds.

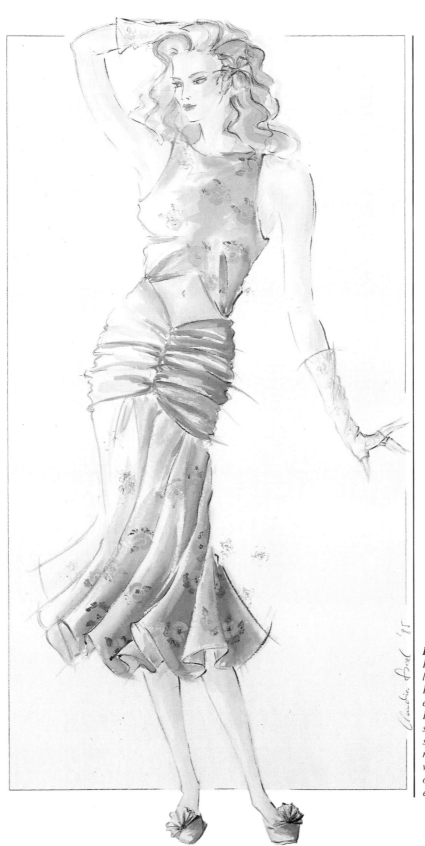

Der romantische Typ:
*Frisch, farbenfroh und
lebhaft finden wir beim
Frühling sowohl
elegante Kleidung in
Beigetönen in klassi-
scher Form, als auch
sportliche und häufig
romantische Modelle,
wenn es den Neigungen
oder dem Modetrend
entspricht.*

61

Die vorgenannten groben Trends für die einzelnen Farbtypen sind auf keinen Fall immer richtig. Der Körperbau spielt für die Auswahl der Modelle eine sehr große Rolle und natürlich Ihre persönliche Vorliebe.

Verspielte Kleider werden sicherlich besser von einer kleineren Person getragen, bei der z. B. große schulterbetonte Trenchcoats nicht so recht zur Geltung kommen. Dramatische Kleidung sollte ab einer bestimmten Körpergröße getragen werden, da die üppige Fülle an Stoff, die großen auffallenden Muster, die starken Kontraste nur dann die richtigen Proportionen haben.

Bitte fühlen Sie sich jetzt nicht von der Natur vernachlässigt, wenn Sie nicht ganz so groß gewachsen sind. Ich gehöre selber zu den Kleinen und bin sicherlich nicht der Ansicht, daß nur die Großen unter uns vorteilhaft angezogen sein können. Klassische, elegante Formen, die immer noch die Figur gut erkennen lassen, sind ideal für die kleinere Frau. Zierliche Schuhe, mit hohen Absätzen (die wir uns ja leisten können), unterstreichen die elegante Kleidung. Blusen von klassisch bis verspielt geben den ›femininen touch‹.

Die Wahl Ihrer Kleidung ist in starkem Maße abhängig von Ihrem Beruf und Ihren Freizeitbeschäftigungen. Die vielbeschäftigte Mutter von kleinen Kindern wird wohl kaum Zeit finden Rüschenblusen zu bügeln und wahrscheinlich Hosen praktischer finden als Röcke.

Überdenken Sie bei jedem Teil, das Sie neu erwerben wollen, entspricht es meinem Typ bezüglich der Farben und der Form? Habe ich mehrere Verwendungsmöglichkeiten für dieses Teil, fügt es sich in das Gesamtbild meiner Garderobe ein?

Und wie sieht nun die Garderobe fürs Büro aus? Es hängt wohl ein wenig davon ab, in welcher Art von Unternehmen Sie arbeiten. Wenn der Chef selbst in Cordhosen und Pullover erscheint, wird man von Ihnen nicht ein klassisches Aussehen erwarten. In Großunternehmen wird von den männlichen Mitarbeitern erwartet, daß sie im offiziellen Anzug erscheinen und genauso wäre dann für Sie ein Kostüm die korrekte Kleidung.

In den USA richten sich viele nach dem bekannten Buch von John T. Molloy ›Dress for Success‹. Kleiden auch Sie sich für Ihren Erfolg!

Was kann ich durch Kleidung erreichen?

Mehr als Ihnen vielleicht bewußt ist! Wenn Sie im Berufsleben stehen, müssen Sie täglich gepflegt und chic angezogen sein. Natürlich ist das eine Aufgabe; es sollte aber nicht zu einem Problem werden. Im Gegenteil, zeigen Sie der Welt Ihre beste Seite, überzeugen Sie sie durch richtige Kleidung von Ihrem Stil, Ihrer Aktualität und Ihrem Stellenwert, weil dadurch alles, was Sie zu sagen haben, den passenden Rahmen erhält. Wenn Sie bei Ihrer Kleiderwahl Sicherheit und Geschmack ausdrücken, wird Ihnen der unsichere Käufer, den Sie gerne überzeugen möchten, eher glauben, als wenn schon aufgrund der Ungereimtheit Ihrer Kleidung eine Disharmonie entsteht, die durch lange Verkaufsgespräche kaum überwunden werden kann. Durch die Kleidung, der man ansieht, daß einige Gedanken darauf verwendet wurden, ernten Sie Bewunderung und Vertrauen, was wiederum bewirkt, daß Sie selbstsicherer, bewundernswerter und verantwortungsbewußter reagieren, um das entgegengebrachte Vertrauen nicht zu enttäuschen. Haben Sie den Eindruck, das sei übertrieben? Nein, ganz und gar nicht – das alte Sprichwort ›Kleider machen Leute‹ gilt nach wie vor. Durch die richtige Kleidung werden Ihre besten Seiten hervorgehoben!

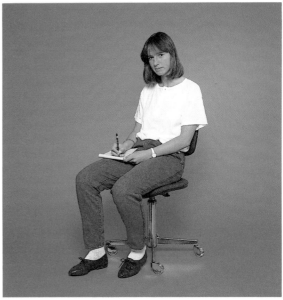

Warum verbessern wir nicht unsere Kleidungsaussage, wenn wir wissen, was Kleidung für uns tun kann? Dadurch wird nicht nur unser Äußeres verbessert, sondern durch die positiven Reaktionen anderer werden wir sicherer, haben weniger negative Aufmerksamkeit auf uns selbst gerichtet und können uns auf unsere Aufgaben konzentrieren, was die persönlichen Leistungen wiederum anhebt.

Sie werden jetzt sicherlich einige Rechtfertigungen bereithalten wie etwa »meine Hüften sind viel zu breit! Die kann ich auch nicht in der schönsten Kleidung verbergen« oder »ich bin zu klein, zu groß, zu dick, zu dünn . . .«, die Liste ist endlos.

Natürlich gibt es Unterschiede im Aussehen und einige unter uns haben es leichter gut auszusehen als andere. Trotzdem bin ich der Meinung, daß Ihre eigene Einstellung zu Ihrem Körper und Ihrem Aussehen entscheidend dafür ist, welchen Eindruck Sie auf Ihre Umwelt machen. Akzeptieren Sie sich wie Sie sind, und machen Sie sich eine gute Vorstellung davon, wie Sie aussehen möchten. Vergessen Sie dabei Ihre breiten Hüften, Ihre zu lange Nase, denn wenn Sie Ihre Aufmerksamkeit von Ihren Fehlern wegnehmen, werden auch andere Menschen weniger darauf achten, oder sie erst gar nicht bemerken. Unterstreichen Sie durch geschickte Kleidung Ihre Vorteile, kaschieren Sie durch entsprechende Kleidung genauso geschickt, was Sie für Ihre Nachteile halten und verschwenden Sie anschließend keinen weiteren Gedanken darauf. Arbeiten Sie an Ihrer äußeren Erscheinung. Jeder kann gut aussehen, wenn er sich die entsprechende Mühe gibt.

Eine einfache, aber sehr wichtige Wahrheit besteht darin, daß man sich zuerst ein Ziel stecken muß, bevor man daran gehen kann, es anzustreben oder zu erreichen. Haben Sie ein Ziel, oder vielleicht nur eine unbestimmte Vorstellung, von dem, was Sie erreichen wollen? Eine nebulöse Vorstellung bringt Sie nirgendwo hin. Mit einem echten Ziel ist es wie mit der Spitze eines Berges, die Sie erklimmen wollen. Ganz gleich, welche Hindernisse auftauchen; irgendwo erkennen Sie immer wieder die Spitze des Gipfels und finden mit Sicherheit den Weg dahin. Anders ist es, wenn Sie nur ungenaue Vorstellungen haben. Sie laufen wahrscheinlich im Kreis, lassen sich dann durch alle möglichen Dinge beeinflussen und fragen sich am Ende: »was wollte ich eigentlich?«.

Wenn wir dieses Beispiel auf die Kleidung übertragen, heißt das, Sie müssen wissen, was Sie mit Ihrer Kleidungsaussage erreichen wollen. Wo Sie sich einstufen und welchen Platz Sie anstreben. Kleiden Sie sich schon für den nächsten Schritt auf der Stufenleiter Ihres Berufszieles und versuchen Sie mit Ihren Leistungen nachzukommen. Mit Ihrer Beförderung könnte es lange dauern, wenn bei denen, die darüber zu befinden haben, immer wieder ein ungutes Gefühl über Ihre Kleidung besteht. Leider wird oft so hart geurteilt! Zeigen Sie schon vorher, durch die richtige Kleidung, daß Sie dem Job gewachsen sind, man wird sich für Sie entscheiden.

Fühlen Sie sich in Ihrer persönlichen Freiheit eingeengt, wenn Sie keine Jeans oder sehr saloppe Kleidung tragen können? Okay, es ist Ihr gutes Recht, die Kleidung zu wählen, die Ihnen opportun oder bequem erscheint, aber es ist nun einmal so, daß mit bestimmten Positionen auch eine entsprechende Kleidung verbunden wird und Sie sich den Weg dahin unnötig erschweren oder gar verbauen, wenn Ihre Garderobe dem nicht entspricht.

Freizeit, Ferien und Feierabend bieten genügend Gelegenheit, diese Art Kleidung zu tragen.

Andererseits möchte ich aber betonen, daß Sie sich in Ihrer offiziellen Kleidung auch rundum wohl fühlen sollten. Hübsche Kleidung sollte Ihre Lebensfreude steigern und nicht zu einer schwierigen, lästigen Aufgabe werden.

Haben Sie Probleme beim Einkauf, bei der Wahl der Kleidung?

Spontankäufe von Einzelstücken führen leicht zu Problemen, weil meistens die Kombinationsmöglichkeiten fehlen.

Wenn Sie es sich finanziell erlauben können, kaufen Sie einen kompletten Satz oder ergänzen Sie Vorhandenes so, daß eine optimale Lösung entsteht. Vergessen Sie dabei nicht die Accessoires. – Sie sind genauso wichtig wie das Kleidungsstück selbst. Vermeiden Sie zu eintönige Kombinationen, es soll eine harmonische Komposition entstehen, der Grundstock für Ihre perfekte Garderobe. Vermeiden Sie zu viele verschiedene Muster und Ornamente in einer Kombination. Wenn Ihre Planung schon so weit fortgeschritten ist, überlegen Sie genau, wozu Sie die erworbenen Teile noch tragen können. Verlassen Sie sich dabei nicht auf Ihr gutes Farbengedächtnis, sondern nehmen Sie den Farbenpaß, den Sie bei Ihrer Farbberatung erhalten haben oder Stoffmuster mit, um keine Risiken einzugehen. Beachten Sie Ihr Farbkonzept beim Einkauf.

Erkennen Sie, daß hinter einer Garderobe, die jedem Anlaß gerecht wird, eine detaillierte Planung steckt, ein Konzept, das Ihnen Geld einspart? Sie gewinnen Schrankraum und sehen ganz bestimmt um einiges besser aus, wenn Sie konsequent vorgehen. Natürlich wird Ihnen hierfür nicht eine All-round-Lösung in der nächsten Boutique und auch nicht in dem Geschäft, wo Sie schon seit Jahren kaufen, sozusagen frei Haus geliefert. Es sei denn, Sie wollen sich völlig neu einkleiden. Wir andern müssen schon ein wenig dafür tun. Aber haben Sie keine Sorge, es macht Spaß, bringt Sie und natürlich vor allem Ihre Garderobe in Schwung und erlöst Sie von so vielen Fehlkäufen, die wie Mahnmale in den Ecken Ihrer Schubladen und Schränke verstaut sind und wohl kaum oder niemals getragen werden, weil Sie sich im letzten Moment dann doch entschließen, das attraktivere Teil zu tragen. Wer von uns kann sich davon freisprechen?

Inspektion der vor-handenen Garderobe

Also fangen wir an! Nehmen Sie sich ein Wochenende für die Bestandsaufnahme Ihres Kleiderschrankes vor. Sortieren Sie als erstes die Teile aus, die Sie seltener als viermal im Jahr tragen. Dazu zählt nicht die Abendgarderobe, sondern Kleidung, die Ihnen regelmäßig in Kombination mit anderen Teilen dienen sollte. Trennen Sie sich von denjenigen, die nur Ihren Schrank füllen, nicht Ihren Farben entsprechen, ganz selten getragen wurden und eines Tages doch zur Altkleidersammlung gegeben werden; egal, ob Sie viel oder wenig dafür bezahlt haben! Kleider, die nicht getragen werden, sind eine Belastung, von der Sie sich befreien sollten. Ich weiß aus Erfahrung, es gehört ein wenig Überwindung dazu, aber Sie machen ja einen neuen Start, da muß man alte Brücken abbrechen. Sollten Sie sich aber aus sentimentalen Gründen (›erste Tanzstunde, das Kleid, in dem Sie *ihn* kennenlernten, etc.‹) nicht von einem Kleid trennen können, dann suchen Sie dafür eine geeignetere Unterbringungsmöglichkeit, aber füllen Sie nicht Ihren Schrank damit. Denken Sie nur an das Argument von Ehemännern oder Müttern »Dein Schrank ist doch so voll, da paßt ja kein Kleid mehr herein!«

Als nächstes sollten Sie eine Aufteilung der Kleidung nach Art und Verwendungszweck vornehmen. Trennen Sie die Abendgarderobe von den Tageskleidern und hängen Sie sie an entgegengetzten Seiten des Schrankes auf. Hängen Sie alle Blusen, alle Röcke und alle Hosen zusammen. Anschließend ordnen Sie sie nach Farben. Verschaffen Sie sich sodann einen Überblick über Handtaschen, Pullover, Strümpfe und Unterwäsche. Sortieren Sie großzügig aus, wenn Farbe, Form, Qualität und Sitz nicht so sind, wie Sie es sich wünschen. Hängen Sie alle Gürtel an eine Hakenwand, an der auch Ihr Modeschmuck Platz finden könnte. Tücher und Schals sollten so eingeordnet werden, daß Sie sie mit einem schnellen Blick erfassen können.

Da Sie nun einen Überblick haben, können Sie darangehen, Kombinationsmöglichkeiten zusammenzustellen. Bedenken Sie dabei nicht nur, daß Rock und Bluse zueinander passen sollten, sondern schließen Sie in Ihre Überlegungen Gürtel, Schuhe, Handtaschen und Accessoires mit ein. Gehen Sie davon aus, daß es wahrscheinlich zu teuer und unpraktisch ist, wenn Sie zu einem Rock, zu dem keine Bluse und kein Schuh paßt, alles Zubehör neu kaufen müssen, wenn dieser nicht zu Ihrer Farbpalette gehört. Verschenken Sie ihn, er nimmt unnötigen Raum in Ihrem Schrank ein.

Benutzen Sie die Kombinationsübersicht, um eine bessere Übersicht zu bekommen. Sie werden sich schon nach diesem ersten Schritt darüber klar, wieviele Möglichkeiten der Kombination von Ihnen bisher nicht genutzt oder bedacht worden sind.

Erstellen Sie eine Liste mit den notwendigen Neuanschaffungen. Falls Sie eine gutsitzende Hose nur deshalb nicht tragen, weil Sie nichts Passendes dazu haben, fragen Sie sich ›Paßt sie in mein Farbkonzept??‹ Wenn ja, womit würde sie mir die besten Dienste leisten? Wären zwei dazu passende Blusen schon ausreichend, oder sollte ich lieber Pulli und Bluse dazu kaufen? Finden Sie die für Sie richtige Lösung. Ich kenne Ihre Bedürfnisse nicht, aber der Grundgedanke sollte sein, ›Wie bekomme ich den meisten Nutzen aus einem Kleidungsstück!‹ Schmuck und Tücher machen Ihren Pulli ›abendfein‹, verschiedene Gürtel, Westen und Tücher machen aus dem einfachen Strickkleid ein Teil mit vielen Tragmöglichkeiten.

Haben Sie viele Blusen vorgefunden, die nicht mehr so ganz up-to-date sind? Wenn Sie ein bißchen nähen können, sollten Sie die guten Stücke, für die sich die Arbeit lohnt, mit neuen Kragenideen versehen, vorausgesetzt natürlich, daß Sie in Ihr Farbkonzept passen. Dabei könnten Sie gleich Herrenhemden mit einbeziehen. Abgeänderte Herrenhemden können zu sehr hübschen und vor allem bequemen Blusen werden. Bedenken Sie genau, welchen Anforderungen Sie mit Ihrer Garderobe nachkommen müssen und planen Sie entsprechend.

Und was tun, wenn Sie Ihre besten Farben noch nicht kennen? Wählen Sie aus der Palette Ihres Typs die Kombinationen, die Ihnen am besten gefallen. Wenn möglich, überprüfen Sie bei Tageslicht vor einem Spiegel die Wirkung, indem Sie sich Stoffmuster in diesem Farbton umlegen (irgendwo im Haus läßt sich bestimmt diese Farbnuance finden). Betrachten Sie genau Ihr Gesicht. Erscheint Ihr Teint frisch und ausgeruht? Vielleicht versuchen Sie noch eine weitere Kombination, bevor Sie sich entscheiden. Diese kleine Mühe vor dem Einkauf lohnt sich auf jeden Fall. Die Beleuchtung im Kaufhaus ist oft nicht so, daß Sie genau erkennen können, ob Sie nun wirklich das Richtige gefunden haben. Außerdem verkürzt diese Art der Vorbereitung Ihren Einkauf um viele Überlegungen, die zuweilen durch die Anwesenheit einer Verkäuferin nicht gerade günstig beeinflußt werden. Darüber hinaus kann man Ihnen nicht so leicht etwas aufschwatzen, denn Sie wissen genau, was Sie wollen und geben sich nicht mit halben Lösungen zufrieden.

Garderobenvorschläge für kühle Witterung

In unseren Breitengraden ist ein Regenmantel unabdingbar. Je nach Farbtyp sollte er grau, blau, marine bzw. khaki, braun oder beige sein, wobei sand und taupe für alle Typen chic ist. Für die kalten Tage ist ein Wollmantel angebracht, der von der Farbe und Form her auch am Abend einsetzbar ist. Mit einem unifarbenen Mantel gehen Sie dabei auf Nummer sicher.

Zwei gutsitzende Blazer oder Kostümjacken lassen sich vielseitig verwenden, wenn sie farblich abgestimmt sind. Wählen Sie unter den für Sie günstigen Grundfarben und bedenken Sie, ob eine davon (am besten uni) auch noch am Abend tragbar ist und die andere sich auch mit einer entsprechenden Hose kombinieren läßt.

Zu diesen Jacken sollten sich einige Röcke gesellen. Ein Rock könnte aus dem gleichen Material wie die Blazerjacke sein. Es sieht aber genau so gut aus, wenn sich nur die Farben des Blazers im Rock wiederfinden. Denken Sie beim Kauf der Röcke daran, daß Sie verschiedene Formen wählen, damit jedes Mal ein anderes Bild entsteht.

Falls Sie lieber Hosen tragen und diese beruflich vertretbar sind, können Sie diese Jacken natürlich auch mit Hosen kombinieren.

Blusen sind ein erfreuliches Thema, da wir dabei zu lebhaften Farben greifen können und damit ganz neue Aspekte in unsere Garderobe zaubern. Hier können Sie modische Neuheiten aufgreifen. Eine Grundausstattung würde folgende Blusen enthalten; wählen Sie nach Ihrem Bedarf: Es gab Zeiten, in denen die ›weiße Bluse‹ in der Garderobe einer Frau nicht fehlen durfte. Weiß sieht nur dann hübsch aus, wenn ein frischer Teint und dunkle Haare vorhanden sind, oder aber wenn Sie nach dem Sommerurlaub braungebrannt Ihre Bräune besonders hervorheben wollen. Ansonsten aber würde ich eher zu einer perlgrauen oder cremefarbenen Bluse, je nach Farbtyp, raten, da diese Farben meistens kleidsamer sind. Wählen Sie für besondere Anlässe eine unifarbene Bluse aus edlem Stoff, Seide ist ideal. Falls dieses Material Ihnen zu arbeitsaufwendig ist oder in der Reinigung zu kostspielig wird, kann eine gute Crêpe-de-Luxe-Ware auch hervorragend aussehen. Praktisch sind diese Blusen mit Stehbund und Riegel, durch den nach Wunsch eine Schleife gezogen werden kann.

Nun zu den Blusen, die uns jeden Tag wieder frisch und gepflegt erscheinen lassen. Wählen Sie Materialien mit einem hohen Naturfaseranteil in einer Qualität, die sich gut waschen und pflegen läßt. Abgesehen von modischen Neuheiten, wären eine kleinbedruckte, eine unifarbene und die eben schon erwähnte elegante Bluse ausreichend für eine Grundausstattung. Daß Sie dabei jeweils farblich eine neue Variante bringen sollten, ist selbstverständlich. Ein passender Rock zu der bedruckten Bluse würde Ihnen noch weitere Verwendungsmöglichkeiten bieten. Schauen Sie sich die Kombinationsmöglichkeiten für diese wenigen, gut durchdachten Teile an und wägen Sie ab, was Sie in Ihrem Bestand schon vorgefunden haben und was Sie sich noch zulegen werden.

Zwei Pullover, einen in der gleichen Farbe wie Ihr Blazer, evtl. einen Ton heller, ergänzen diesen Set an kühlen Tagen.

Praktisch und bequem wäre noch eine zusätzliche Strickjacke. Suchen Sie dabei lieber etwas länger, bis Sie ein besonders schönes und vor allem passendes Stück gefunden haben.

Ein weiches Strickkleid, das Ihnen nicht nur ein wohliges Gefühl der Wärme und Bequemlichkeit gibt, sondern auch mit entsprechenden Accessoires zum Abend getragen werden kann, würde die hier zusammengestellte Garderobe vorteilhaft ergänzen.

Wie vielfältig kombinierbar eine optimal gewählte Garderobe für kühle Witterung sein kann, zeigt Ihnen der Anhang auf den Seiten 96 – 106.

Garderobenvorschläge für die warme Jahreszeit

Als erstes schlage ich wiederum einen Regenmantel vor, der aber so chic sein sollte, daß er Ihnen bis in den Abend hinein dient.

Für kühlere Tage wäre ein unifarbener leichter Blazer praktisch und zu sehr vielen Anlässen tragbar. Falls Ihnen dieser für den Abend zu steif erscheint, sollten Sie noch ein großes, unifarbenes Umschlagtuch besitzen. Es gibt viele wunderschöne, gehäkelte Exemplare, aber ich würde ein zartes Wollgewebe vorziehen.

Ein ausgestellter, heller, unifarbener Rock, zum Blazer passend, und ein unifarbener, evtl. durchgeknöpfter oder gewikkelter Rock sollten zu mindestens fünf Blusen passen. Wenn eine dieser Blusen, vielleicht eine buntgemusterte, mit einem zusätzlichen Sommerrock aus dem gleichen Stoff getragen werden könnte, hätten Sie ein zweiteiliges Kleid und mehr Nutzen davon.

Eine helle Hose, oder mehrere, falls Sie Hosen bevorzugen, vervollständigen die Zusammenstellung. Leider gibt es hierzulande immer nur wenige Tage, an denen das Wetter so warm ist, daß wir Sommerkleider brauchen. Meines Erachtens reichen für die Grundausstattung drei. Ein Hemdblusenkleid, unifarben, so daß Tücher und Gürtel Abwechslung bringen können, ist unumgänglich. Dazu könnten Sie noch gut ein zweiteiliges Polokleid und vielleicht noch ein bedrucktes Sommerkleid brauchen. Das Hemdblusenkleid sowie das bedruckte Kleid sind so auszuwählen, daß sie auch bei abendlichen Einladungen getragen werden können.

Und noch ein Hinweis für die Sommerausstattung: Genauso wenig wie die weiße Bluse ist der weiße Schuh notwendiger Bestandteil der Sommergarderobe. Weiß zieht immer die Aufmerksamkeit auf sich und läßt größer erscheinen. Der weiße Schuh paßt auch nicht unbedingt zu jeder Sommerkleidung. Wählen Sie einen anderen hellen Ton, der zu Ihrem Farbkonzept paßt. Sie werden bestimmt besser darin aussehen und sicherlich auch mehr Nutzen davon haben.

SIND ACCESSOIF
Die richtige Wahl ist entscheidend

Nehmen wir einmal an, Sie hätten eine vorzügliche Auswahl der erwähnten Kleidungsstücke zu Ihrer Verfügung und viele Möglichkeiten des ›Mix and Match‹ zusammengestellt. Glauben Sie, daß damit Ihr Ziel, chic angezogen zu sein, schon erreicht ist? Nein, ganz bestimmt noch nicht, denn jetzt fängt der Spaß, die Möglichkeit der echten persönlichen Note erst an. Ich denke an die richtige Zusammenstellung von Accessoires. Edler Schmuck verfehlt seine Wirkung nie, trotzdem kann Modeschmuck gelegentlich eindrucksvoller sein, je nachdem wie geschickt Sie ihn auswählen.

Vor kurzem erklärte ich einer Freundin, daß ihr schlichtes Strickkleid erst die richtige Wirkung hätte, wenn ein entsprechend ausgefallener Gürtel dazu getragen würde. Der Gürtel, den sie daraufhin zögernd kaufte, er war nämlich teurer als das Kleid, paßte vorzüglich in Farbe und Form und ließ es modellhaft chic wirken. Sie rief mich zwei Stunden später an. Das Prachtstück paßte zu mehreren Röcken und Kleidern und ließ diese allesamt modischer und flotter erscheinen.

Oft haben wir ein schlechtes Gewissen bei solch ›unnötigen‹ Ausgaben. Es ist kein Luxus, wenn Ihr sicheres Auftreten davon abhängt. Viele von uns denken, daß es reicht, wenn wir zueinander passende Farben tragen und im übrigen gepflegt erscheinen. Mit dieser Kleidungsaussage reihen Sie sich in die große Menge derjenigen ein, die auch wenig Gedanken und Zeit darauf ›verschwenden‹ wollen. Es ist so schade, um die schon erbrachte Mühe, die nicht bis zur letzten Konsequenz durchgeführt wird.

ES NOTWENDIG?

Diese Situation läßt sich mit einem Beispiel des Pferderennens vergleichen. Die Pferde und Jockeys, die zum Start kommen, haben alle trainiert und kennen die Anforderungen. Nur ein Pferd gewinnt. Die Prämie für den Sieger ist bis zu dreimal höher als für den zweiten und dritten Platz. Glauben Sie, daß der Einsatz dreimal größer war? Nein, sicherlich nicht. Es ist das kleine bißchen ›mehr‹, was den Unterschied macht, in Ihrer Karriere, in Ihrem Einfluß und in Ihrem eigenen Selbstwertgefühl. Bleiben Sie nicht auf der Strecke, sondern zeigen Sie durch Ihre Kleidung, daß Sie kompetent, phantasiereich und informiert sind! Accessoires helfen Ihnen dabei, Ihre Garderobe zu variieren, Ihnen persönliches Flair zu verleihen. Eine Frau ohne Accessoires ist wie ein Raum ohne Bilder, Blumen und Dekorationen.

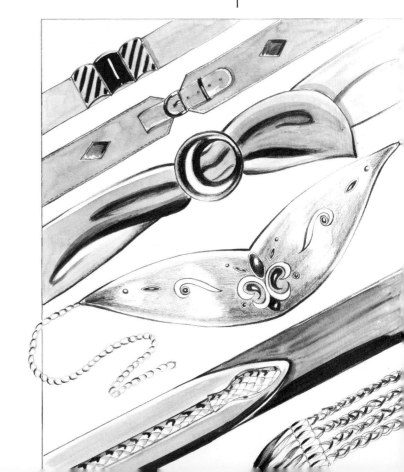

Fotos: Silhouette Modellbrillen

Zu den Fotos links:
Das relativ runde und weiche Gesicht dieser Herbstfrau gewinnt mit dieser kantigen Brille an Ausdruck. Die seitliche Betonung der Vertikalen längt das Gesicht.

Farblich abgestimmte Brillen beleben. Bewußt als Farbelement eingesetzt können sie den ausschlaggebenden Kontrapunkt zu zurückhaltenden Eigenfarben bieten.

Zum Foto unten:
Die Querbetonung ist vorteilhaft für das schmale Gesicht; das helle Gestell harmoniert mit den zarten Eigenfarben des Frühlings. Er strahlt Freundlichkeit aus und verträgt die vorsichtig einfließende Strenge durch die kantige Brillenform.

Foto: Silhouette Modellbrillen

Die gleiche Dame,
jedoch zwei völlig
unterschiedliche
Aussagen – aufgrund
von Brille und Frisur.
Die intensiven Farb-
kontraste lassen den
Winter oft unnahbar
erscheinen.

Die klassische Frisur
und die kantige Brille
unterstreichen diesen
Eindruck – unnahbar
schön.

Fotos:
Silhouette Modellbrillen

Die lockere Frisur und
weiche Brillenform
verleihen der gleichen
Frau ein verbindlicheres,
freundlicheres Auftreten.

Brillen: Die Zeiten, in denen Brillen nahezu ausschließlich unter dem Aspekt der Zweckmäßigkeit betrachtet wurden, sind vorbei. Sie sind ein wesentliches Accessoire oder sogar Schmuckstück, die das gesamte Erscheinungsbild erheblich – positiv oder negativ – verändern können. Die Wahl der richtigen Brille sollte bei der heutigen Angebotsbreite wohl durchdacht sein.

Gürtel: Gürtel müssen richtig gewählt werden. Bei einer schlanken Taille und einer stattlichen Körpergröße können Sie sich jede Breite und jeden Farbkontrast erlauben. Wenn die Proportionen aber nicht ganz so ideal sind, sollte man folgendes beachten: Schmale Gürtel sind günstiger als breite, jedoch unter 2 cm Breite verliert sich ein schmaler Gürtel auf einer stärkeren Figur; 2 bis 2½ cm Breite ist immer richtig. Ein kontrastierender Gürtel schneidet die Kleidersilhouette in zwei Teile. Günstiger ist es deshalb, wenn Sie größer und schlanker wirken möchten, einen Gürtel im Farbton des Kleides zu wählen. Bei Rock und Bluse können Sie den Eindruck einer längeren Taille erwecken, wenn Sie den Gürtel im Farbton der Bluse wählen. Dies ist besonders günstig bei stärkeren Oberweiten, da der Oberkörper hierdurch optisch gestreckt wird. Sie müssen überlegen, ob Sie erreichen möchten, daß Ihre Taille ins Blickfeld rückt, oder ob es günstiger wäre, die Aufmerksamkeit abzulenken, wie mit einer modischen Kette, einem Tuch, einem auffallenden Kragen.

Kette: Durch eine lang herunterhängende Kette betonen Sie die Vertikale, sie wirkt streckend, sowohl für die Figur als auch für Ihr Gesicht. Der Halsreif oder die kurze Kette wird gern in Ausschnitten getragen, die bei rundlichen Körperformen in V-Form gewählt werden sollten.

Tücher: Tücher und Schals sind so einfach zu besorgen und so vielfältig einsetzbar, daß sie wohl zu den beliebtesten Accessoires gehören. Tragen Sie ein Seidentuch nicht unter Ihrem Wollmantel, sondern dekorativ geschlungen zu Kleidern und Pullovern. Halten Sie das Tuch mit einer Nadel in Position, damit es locker gelegt wirkt und nicht wie ein Pfadfindertuch vom Knoten nach unten gezogen wird. Es sieht auch hübsch aus, wenn Sie ein kleines Halstuch im Nacken knoten oder ein größeres als Hüftbetonung um die Taille gürten. Falls Sie bisher noch kein rechtes Verhältnis zu Tüchern hatten, fangen Sie klein an, d. h. mit kleinen Tüchern, die dann, wenn Sie sich daran gewöhnt haben, größer und schwungvoller werden können. Knoten Sie Ihre Schals und Tücher links über rechts und dann rechts über links, so daß die Enden ordentlich zu beiden Seiten hervorkommen. In der Trachtenmode sieht man häufig den Schal über den Mantel getragen; warum versuchen Sie es nicht auch bei anderen Mänteln?

Schuhe: Schuhe spielen für den Gesamteindruck einer Garderobe eine wesentliche Rolle, jedoch möchte ich von vornherein darauf hinweisen, daß es ungünstig ist, Schuhe mit sehr vielen ›Extras‹ zu tragen, da diese die Aufmerksamkeit auf den Fuß und nicht auf Sie lenken. Am vorteilhaftesten ist es sicherlich, wenn Sie einen schlichten Pumps in der Farbe Ihres Kleides, oder ein wenig dunkler tragen. <u>Ihre Beine wirken länger und schlanker, wenn die Strumpffarbe auch der Rockfarbe angepaßt ist.</u> Je höher der Absatz, um so schlanker das Bein. Falls Ihre Füße (und Wirbelsäule) mitmachen, sollten Sie zu guter Kleidung immer einen hohen Absatz tragen. Trotzdem aber rate ich allen Damen, sich lieber sicheren Schrittes auf Absätzen zu bewegen, auf denen Sie laufen können, als einen Balanceakt auf 12 cm hohen Absätzen zu vollziehen.

Um für jeden Anlaß den richtigen Schuh zu haben, brauchen Sie sicherlich ein Paar bequeme Schuhe mit halbhohem Absatz, die Sie unter Hosen und sportlichen Röcken tragen können. Falls Ihre Garderobe farblich abgestimmt ist, werden Sie keine Probleme mit der Farbwahl haben. Ein Paar Pumps, für den täglichen Gebrauch sollten bequem sein und eine absolut gute Paßform haben. Suchen Sie so lange bis Sie den Schuh gefunden haben, in dem Sie ohne Beschwerden den ganzen Tag überstehen. Wenn Sie ihn gefunden haben, merken Sie sich die Marke, da die Firmen neue Modelle meistens über den gleichen Leisten arbeiten und somit die gute Paßform für Sie garantiert ist. Für den (festlichen) Abend darf der Absatz hoch und die Form ausgefallen sein wie zum Beispiel Sling-Pumps mit Riemchen. Stiefel für den Winter und Regenstiefel für nasse Tage, würden Ihre Schuhausstattung so ergänzen, daß Sie für alle Fälle gerüstet sind. Wenn Sie die Stiefel in der gleichen Farbe wie Mantel und Kleid wählen, verlängern Sie die Silhouette optisch. Falls Sie dunkle Farben tragen, sollten

Ihre Schuhe auf jeden Fall auch dunkel sein, um das notwendige Gegengewicht zu geben. Dies ist von besonderer Wichtigkeit, wenn Sie ›untenrum‹ etwas stärker gebaut sind.

Handtaschen: Es gab Zeiten, da die Handtaschen unbedingt zum Schuh passen mußten. Heute reicht es, wenn der gleiche Unterton vorhanden ist und die Tasche im Stil zu Ihrer Garderobe paßt. Wählen Sie neutrale Farben wie taupe, beigebraun, schwarz, bordeaux oder dunkelblau. Je nach Gelegenheit ist eine Schultertasche, eine Unterarmtasche oder eine Abendtasche angebracht. Es sieht immer gut aus, wenn Gürtel und Tasche aus dem gleichen Material und in der gleichen Farbe sind.

Schmuck: Es ergibt sich aus den Farbpaletten, daß der Sommer- und der Winter-Typ besser Silber, Weißgold und Platin tragen, während dem Herbst- und dem Frühlings-Typ Gold besser steht. Wählen Sie den Schmuck Ihrem Typ entsprechend. Es müssen aber nicht immer Edelmetalle sein, mit denen Sie sich schmücken. Originelle Broschen, Ketten und Ohrclips sind oftmals aus einfachen Materialien gearbeitet, haben aber ihren dekorativen Wert für eine bestimmte Zeit. Es gibt auch sehr viele handgearbeitete Schmuckstücke, darunter Porzellanbroschen von erlesener Schönheit, originelle Fimo- oder Gießharzbroschen. Hier und da, mit Maßen, sehen sie chic aus, zuviel davon wirkt aber hausbacken. Dasselbe gilt übrigens für selbstgehäkelte Spitzenkragen, die als einmaliges Stück auf einem extravaganten Kleid sehr eindrucksvoll wirken, aber sicherlich ihren Reiz verlieren, wenn zuviel davon getragen wird.

Schauen Sie sich einmal die Accessoires der Mannequins in Zeitschriften an. Holen Sie sich Ideen und ›tragen‹ Sie die größeren Ohrclips, die Ketten und Armreifen so, wie sie Ihnen in der Zeitschrift gefielen.

x) lt. Beate (2013)
ganzheitliche Betrachtung
wegen Schwingung
der Materialien

83

Haare und Hände sind wie Accessoires zu werten und ganz besonders wichtig für den Gesamteindruck, wobei die Haare noch eine größere Rolle spielen. Man spricht von der hübschen Blonden, der rassigen Schwarzen und bezieht sich als Hauptmerkmal auf die Haare. Genauso wie Sie Ihre Kleidung und Schuhe wechseln, sollten Sie auch Ihre Frisur ändern, wenn es sich mit dem Schnitt vereinbaren läßt. Lange Haare, die über die Schulter reichen, sind meist an ganz jungen Damen schön. Wenn Sie die Dreißig überschritten haben, sollten Sie auf kürzere Frisuren übergehen, um nicht unnötig älter auszusehen.

Geben Sie Ihrem Haar durch Packungen und besondere Shampoos alle Pflege, die es braucht. Mit schlecht gepflegtem Haar ist alle Mühe um ein gutes Aussehen umsonst. Falls Sie eine vorhandene Farbe überdecken möchten, gehen Sie zu einem Fachmann. Ungleich gefärbte Haare wirken irritierend wie eine schlecht angepaßte Perücke. Das Auge des Betrachters wandert immer wieder zu diesem wunden Punkt und fühlt sich dann wie ertappt, so als hätte man etwas gesehen, was verborgen bleiben sollte. Ergänzen Sie durch Ihre Haarfarbe die Harmonie, die Sie ausstrahlen möchten. Bei Färbungen hilft Ihnen ein guter Frisör, der genau die Nuance bestimmen kann, die Ihrem eigenen Farbton sehr nahe sein sollte. Falls Sie ergrauendes Haar überdecken möchten, wählen Sie am besten Ihren natürlichen Farbton ein oder zwei Nuancen heller oder lassen Sie dunkle Strähnen einfärben.

Frisur: Sie kann die vorhandene Gesichtsform ausgleichen oder betonen.

Foto rechts: Hier wurde ein rundliches Gesicht gestreckt.

Frisur: Coiffeur Michels, Bonn

Alle Frisuren
Coiffeur Michels, Bonn

Bild links:
Eine praktische
sportliche Frisur für ein
flächiges Gesicht.

Bild oben:
Das füllig frisierte Haar
läßt das schmale
Gesicht besser zur
Geltung kommen.

Bild rechts:
Das ovale klassische
Gesicht kann viele
Frisuren vertragen – hier
wirkt üppiges Haar flott
und modisch.

Bild oben: Die weiche
Lockenfrisur umrahmt
das zarte Gesicht
vorteilhaft.

Bild rechts: Zu dem
ruhigen ovalen, leicht
verträumten Gesicht ist
diese freundliche
Lockenfrisur der richtige
Rahmen.

Make-up: Auch das Make-up zählt zu den Accessoires und wird bei den 14 Punkten mitbewertet. Ihr Make-up Budget wird um einiges verringert, wenn Sie Ihre Farben kennen. Haben Sie nicht auch schon mal ohne große Überlegungen einen Lippenstift im Warenhaus gekauft, der hinterher gar nicht zu Ihnen paßte? Oder haben Sie nach langem Suchen und völlig bemalten Handrücken eine Farbe gewählt, die im Gesicht aufgetragen ganz anders wirkte? Mit solchen Käufen werfen wir leider nur unser Geld zum Fenster raus, denn die so erstandenen Tuben, Döschen und Fläschchen füllen unseren Badezimmer-Schrank und warten auf den Tag, an dem Sie Ordnung schaffen und einen nicht geringen Geldwert an Kosmetika in den Mülleimer werfen. Nach einer Farbberatung kann Ihnen das nicht mehr passieren. Sie kennen ›Ihre‹ Farben und wählen mit Sicherheit die richtige Nuance für den Tag oder Abend. Auf jeden Fall sollten Sie neue Farben einige Zeit in Ihrem Gesicht aufgetragen betrachten, bevor Sie sie kaufen.

Parfums: Letztes, wenn auch nicht sichtbares Accessoire, ist Ihr ganz persönliches Parfum. Manchmal können Sie schon am Namen erkennen, welche Duftnote sich dahinter verbirgt: z. B. Cinnabar – orientalisch süßlich-schwer, White Linen – sommerlich frisch, Grey Flannel – klassisch, korrekt. Sie werden Ihrer Art entsprechend das richtige Parfum auswählen, wobei Sie natürlich den Anlaß, zu dem es getragen wird, berücksichtigen sollten: Frische Düfte für den Tag, süßlichere für den Abend. Auch hier gilt es, Maß zu halten. Ein starkes Parfum oder ein nur zu reichlich aufgetragenes Parfum wirkt aufdringlich und störend.

Overdressed-Underdressed

Es gibt im englischen so einfache Begriffe, mit denen man das
›zu viel‹ oder ›zu wenig‹ in der Kleidung beschreibt – overdressed – underdressed. Von den meisten Damen kann man
wohl behaupten, daß sie underdressed sind. Einige fallen uns
als overdressed auf. Wo liegt nun die goldene Mitte, wo die
Ausgewogenheit? Es fängt bei den Farben an, die oftmals
ängstlich monochrom gewählt werden. Bringen Sie ein wenig
Leben in Ihre Kleidung! Sie werden bestimmt deshalb nicht
buntgewürfelt aussehen, solange Sie sich an die Farbtypen halten. Darüber hinaus können Sie anhand von Punkten zählen,
ob Sie over- oder underdressed sind. Die Punkte über 14 zählen als overdressed, die darunter als underdressed. Und so
wird gezählt:

Jedes Teil, das die Aufmerksamkeit des Betrachters findet,
zählt als ein Punkt, so zum Beispiel Taschen, Steppnähte,
Schulterbetonung, Paspel, Spitze etc. Andere Punktwerte sind
farbiger Nagellack, Make-up, gute Frisur, Brille. Jede zusätzliche Verzierung an der Brille zählt einen Punkt. Jeder einzelne
Schuh wird mit einem Punkt bewertet, zusätzliche Details, wie
Riemchen, Slingpumps, offener Zeh, etc. zählen einen Punkt.
Farbige Strümpfe, damit meine ich alle Farben außer beige
und braun, werden für beide Beine mit einem Punkt bewertet.
Schmuck bekommt einen Punkt, wenn er in einer Farbe gehal-
ten ist. Jede neue Farbe zählt einen zusätzlichen Punkt. Hand-
tasche und Hut zählen je einen Punkt, wenn sie schlicht sind.
Verzierungen, Schnallen und Bänder werden einzeln mit
Punkten bewertet.

Kontrollieren Sie doch mal eine Woche lang Ihre Garderoben-
Zusammenstellung und zählen Sie die Punkte durch! Sie werden dabei feststellen, wie weit Sie von der ausgewogenen Mitte
entfernt sind und wo Ansatzpunkte zur Verbesserung bestehen. Außerdem wird Ihnen bewußt werden, ob die Punkte
optimal verteilt sind. Schuhe, die viele Details haben, können
8 Punkte und mehr zählen – sicherlich nicht die optimale Art,
Akzente zu setzen!

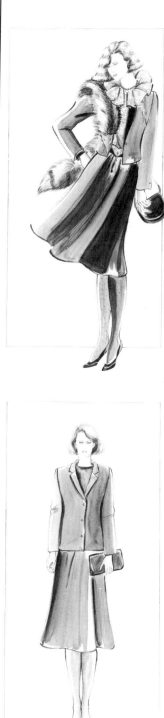

Wie kaschiert man vermeintliche Fehler?

Falls Sie schlanker wirken möchten, sollten Sie zu dunkleren Farbtönen greifen – helle und intensive Farben lassen Sie immer größer und kräftiger erscheinen.

Bei der Struktur des Stoffes sind es die glänzenden Materialien, die Ihnen optisch einige Pfunde hinzufügen. Matte Stoffe wirken schlanker. Ein flauschiger Stoff gibt Ihnen verständlicherweise mehr Umfang als eine glatte Ware. Die warmen Töne des Herbstes und Frühlings wirken ein wenig fülliger als die blaugrundigen Farben der kühlen Farbpaletten.

Für Muster, Karos oder Streifen gilt die Regel – große Muster für große Personen, kleine Muster für kleine Personen. Je stärker der Farbkontrast des Musters ist, um so mehr trägt es auf.

Wenn Sie also schmaler wirken möchten, überlassen Sie die intensiven Streifen und Karos den ganz schlanken Damen.

Entgegen der allgemeinen Auffassung, daß Querstreifen dick machen, ist es erwiesen, daß auch hierfür die gerade erwähnte Regel gilt. Solange die Streifen in matten Farben und nicht zu breit sind, werden Sie in Querstreifen schlanker (und flotter) aussehen als in Längsstreifen.

Ein Farbwechsel genau in der Taille unterteilt Ihre Figur waagerecht, was niemals günstig ist, wenn Sie schlanker aussehen möchten. Außerdem wird die Aufmerksamkeit des Betrachters durch den Farbwechsel auf diese Stelle gelenkt.

Schleifen, hübsche Kragen und Rüschen können von einem Figurproblem ablenken. Sie sollten allerdings immer in Proportion zu Ihrer Figur gewählt werden. Eine Rüsche unter einem hübschen Gesicht, ein lebhaftes Tuch, ein auffallend schöner Schmuck, läßt die zu starken Hüften nicht in Erscheinung treten. Jeder besondere Effekt bewirkt, daß die Aufmerksamkeit des Betrachters in diese Richtung gelenkt wird.

Eine Bordüre am unteren Rocksaum wird unweigerlich die Aufmerksamkeit auf Ihre Beine lenken, wo hingegen waagerechte oder diagonale Streifen am Oberteil die Aufmerksamkeit von den Hüften auf das Oberteil richten.

Stärkere Figuren tragen besonders gut ein schräg-verarbeitetes Karo. Falten oder Streifen, die in der Mitte oder an der Seite Ihres Kleides über die ganze Länge laufen, vergrößern Sie optisch und lassen Sie besonders schlank erscheinen.

Wenn Sie meinen, daß Ihre Oberweite zu stark ist, wählen Sie kleingemusterte dunklere Stoffe für Ihre Blusen. Der Rock darf dann ruhig heller sein. Um die Taille optisch zu verlängern, sollten Sie einen Gürtel in der Farbe der Bluse tragen. Für starke Hüften ist ein weich fallender Rock die beste Lösung – mit einer günstigen Faltenverteilung läßt sich auch viel erreichen.

Sind es nur wenige Zentimeter, die Ihnen fehlen, um eine schlanke Taille zu haben, können Sie sehr viel mit den zur Körpermitte hin breiter werdenden, auf der Hüfte liegenden Gürteln erreichen.

Ein zu langer Hals sollte duch einen locker anliegenden Rollkragen umspielt werden. Weiche Kragen und Schleifen nehmen auch einen Teil der Länge weg.

Zu breite Schultern lassen sich mittels der Schulternaht regulieren. Bei weitgeschnittenen Blusen können Sie gut eine Größe kleiner tragen und damit die Schulterbreite korrigieren. Dies gilt allerdings nur für die knabenhaft breiten Schultern. Wenn der gesamte Körperbau stabil ist, wäre es günstiger, eine Bluse in Ihrer Größe mit weniger Stoff-Fülle zu wählen und die Schulterbreite durch eine Änderungsschneiderei kürzen zu lassen.

oben:
Entgegen der allgemeinen Auffassung können Längsstreifen ungünstiger sein als Querstreifen. Der Abstand zwischen den Streifen und die Intensität des Kontrastes sind maßgebend.

rechts:
Ein Farbwechsel in der Taille ist ungünstig, wenn Sie größer und schlanker erscheinen wollen.

oben:
Große kontrastreiche
Muster sollten nur bei
entsprechender
Körpergröße von
schlanken Frauen
getragen werden.

93

Die Länge Ihres Kleides sollte immer in guter Proportion zu Ihrer Körpergröße sein. Stellen Sie sich vor einen Spiegel, in dem Sie sich ganz sehen können und entscheiden Sie, ob 1 bis 2 Zentimeter mehr (oder weniger) besser wären.

Ein gutes Mittelmaß für die Rocklänge ist vier Finger unter dem Knie. Ihre Proportionen werden ungünstig, wenn der Rock zu lang ist. Natürlich können kleinere Damen auf diese Weise ein Paar Zentimeter hinzumogeln, besonders, wenn sie diese durch hohe Absätze wieder ausgleichen, aber übertreiben Sie es nicht, denn dann lenken Sie unbewußt die Aufmerksamkeit auf Ihr Problem.

Bei den Hosen würde ich als kleinere Frau keinen Zentimeter verschenken. Selbst wenn knöchellange oder ¾-Hosen modern sind, ist es günstiger, darauf zu verzichten, da Sie dadurch kleiner erscheinen und optisch Ihre Beine verkürzt werden. Auch Aufschläge sind eine optische Verkürzung, für die Sie sich nur dann entscheiden sollten, wenn es Ihre Beinlänge erlaubt.

Schlußwort

Da wir das Zeitalter der Bärenhäute unserer germanischen Vorfahren hinter uns haben und auch diese schon damals, wer weiß wie geschickt, ausgesucht wurden, tragen wir von morgens bis abends Kleider. Kleider, die der Umwelt mitteilen, wer wir sind, deren Farben bei unseren Mitmenschen Reaktionen auslösen. Warum sollten wir da nicht unsere optimalen Farben und Formen wählen, sowohl für den Hausgebrauch als auch für die Karriere?

Ihre Lebensfreude, ganz gleich von welcher Basis Sie starten, wird sich steigern. Sie werden mehr Beachtung finden, was Ihnen Mut zu neuer Kreativität gibt. Wenn Sie an sich glauben, werden Sie auch die Fähigkeit entwickeln, Ihre Ziele zu erreichen, selbst wenn Sie anfänglich Schwierigkeiten überwinden müssen.

Aus der Werbung wissen Sie, daß die Verpackung den Erfolg oder Mißerfolg eines Produktes maßgeblich bestimmt. Bestimmen Sie Ihren Erfolg durch eine gekonnte Wahl der richtigen Farben und Formen.

Anhang

Auf den folgenden Seiten sehen Sie, welche Kombinations-möglichkeiten sich durch eine gezielte Garderoben-Planung ergeben, wenn Farbe und Form mit Bedacht gewählt werden. Durch ›mix and match‹ von nur 12 Teilen können Sie 40mal ein neues Erscheinungsbild kreieren.